Der Autor

Don Miguel Ruiz wuchs in Mexiko in einer Familie von Heilern und Schamanen auf. Dennoch studierte er erst westliche Medizin, bevor er sich im Anschluss an eine Nahtoderfahrung wieder den Lehren seiner toltekischen Vorfahren zuwandte. Heute ist er ein Nagual (Schamane) der Eagle-Knight-Linie und gibt sein Wissen in Seminaren, Vorträgen und geführten Reisen weiter. Sein Buch *Die Vier Versprechen* wurde einer der großen internationalen Bestseller der Selbsthilfe-Literatur.

Vom Autor sind in unserem Hause erschienen:

Die Vier Versprechen
Leben mit den Vier Versprechen
Vollendung in Liebe
Das Fünfte Versprechen
Die drei Fragen des Lebens

Don Miguel Ruiz

Vollendung in Liebe

Von der Kunst mit sich selbst und anderen
glücklich zu werden

*Aus dem Amerikanischen
von Angelika Hansen*

Ullstein

Besuchen Sie uns im Internet:
www.ullstein.de

Wir verpflichten uns zu Nachhaltigkeit
· Papiere aus nachhaltiger Waldwirtschaft
  und anderen kontrollierten Quellen
· Druckfarben auf pflanzlicher Basis
· ullstein.de/nachhaltigkeit

Allegria im Ullstein-Taschenbuch

Aus dem Amerikanischen von Angelika Hansen
Titel der Originalausgabe
THE MASTERY OF LOVE
A practical Guide to the Art of Relationship
Erschienen bei Amber Allen Publishing, Inc., San Rafael, CA, USA

Ullstein Verlag
Ullstein ist ein Verlag der Ullstein Buchverlage GmbH.
Neuausgabe
1. Auflage August 2004
12. Auflage 2023
© der deutschen Ausgabe 2004 by Ullstein Buchverlage GmbH
© der deutschsprachigen Ausgabe 2001 by
Ullstein Heyne List GmbH &. Co. KG, München
© der Originalausgabe 1999 by Miguel Angel Ruiz, M. D.
Wir behalten uns die Nutzung unserer Inhalte für Text
und Data Mining im Sinne von § 44 b UrhG ausdrücklich vor.
Umschlaggestaltung: FranklDesign, München
Titelabbildung: www.vietmeier.de
Gesetzt aus der Goudy
Druck und Bindearbeiten: CPI books GmbH, Leck
ISBN 978-3-548-74121-5

Für meine Eltern, meine Kinder,
meine Geschwister und den Rest meiner Familie,
mit dem ich nicht nur durch Liebe verbunden bin,
sondern durch unser Blut und unsere
gemeinsame Herkunft.

Für meine spirituelle Familie,
mit der ich durch unsere Entscheidung verbunden
bin, eine Familie zu erschaffen, die auf bedingungsloser Liebe basiert, auf gegenseitigem Respekt und
dem Praktizieren der Vollendung in Liebe.

Und für die Mitglieder meiner Menschheitsfamilie,
deren Seelen fruchtbar sind für die Samenkörner
der Liebe, die in diesem Buch enthalten sind.
Mögen diese Samen der Liebe
in Ihrem Leben erblühen.

Inhalt

Die Tolteken

Vor tausenden von Jahren waren die Tolteken überall im Süden Mexikos als »Frauen und Männer der Weisheit« bekannt. Anthropologen haben die Tolteken als eine Nation oder Rasse bezeichnet, doch in Wirklichkeit waren die Tolteken Wissenschaftler und Künstler, die sich zu einer Gesellschaft zusammenschlossen, um das spirituelle Wissen und die Praktiken ihrer Vorfahren zu erforschen und weiterzuführen. Sie fanden sich als Meister (*naguals*) und Schüler in Teotihuacan ein, der alten Pyramidenstadt in der Nähe von Mexico City – bekannt als der Ort, an dem der »Mensch zu Gott wird«.

Im Laufe der Jahrtausende sahen sich die *naguals* gezwungen, das überlieferte Wissen zu verschleiern und seine Existenz im Verborgenen lebendig zu halten. Die Ankunft europäischer Eroberer in Verbindung mit dem überhand nehmenden Missbrauch persönlicher Macht bei einigen der *nagual*-Schüler machten es erforderlich, das Wissen vor denjenigen zu verbergen, die nicht darauf vorbereitet waren, es weise anzuwenden, oder die es unter Umständen absichtlich für ihren persönlichen Nutzen missbrauchen würden.

Glücklicherweise wurde das esoterische Wissen der Tolteken durch verschiedene Geschlechter von *naguals* gepflegt und von Generation zu Generation weitergegeben. Obwohl dieses Wissen jahrhundertelang hinter einem Schleier des Geheimnisses verborgen war, haben alte Prophezeiungen die Ankunft eines Zeitalters vorhergesagt, in dem die Rückgabe des Wissens an die Menschheit erforderlich werden würde. Heute ist Don Miguel Ruiz, ein *nagual* der Eagle-Knight-Linie, derjenige, der dazu angeleitet wurde, die machtvollen Lehren der Tolteken mit uns zu teilen.

Das toltekische Wissen basiert im Kern auf der gleichen universalen Wahrheit wie alle anderen heiligen esoterischen Traditionen auf der Welt. Obwohl es sich bei dieser Lehre nicht um eine Religion handelt, ehrt sie alle spirituellen Meister, die im Laufe der Geschichte auf der Erde gelebt und gelehrt haben. Auch wenn die Weisheit der Tolteken den Bereich des Spirituellen mit einbezieht, kann man sie am zutreffendsten als eine Lebensart beschreiben, die sich vor allem durch die leichte Erlangung von Glück und Liebe auszeichnet.

Ein Tolteke ist ein Künstler der Liebe,
ein Künstler des Geistes,
jemand, der in jedem Moment, in jeder Sekunde
die schönste aller Künste erschafft –
die Kunst des Träumens.

Das Leben ist nichts als ein Traum,
und wenn wir Künstler sind,
können wir unser Leben mit Liebe erschaffen,
und unser Traum wird zu einem
Meisterwerk der Kunst.

Der Meister

Es war einmal ein Meister, der zu einer Menschenmenge sprach, und seine Botschaft war so wunderbar, dass jeder von seinen Worten der Liebe berührt wurde. Unter den Zuhörern gab es einen Mann, der dem Meister aufmerksam gelauscht hatte. Dieser demutsvolle Mann hatte ein großes Herz. Er war so sehr von den Worten des Meisters berührt, dass er ihn zu sich nach Hause einlud.

Als der Meister zu Ende gesprochen hatte, bahnte sich der Mann einen Weg durch die Menge, sah dem Meister in die Augen und sagte: »Ich weiß, dass Ihr viel zu tun habt und jeder Eure Aufmerksamkeit sucht. Ich weiß, dass Ihr kaum Zeit habt, um meine Worte anzuhören. Doch ist mein Herz so offen und fühle ich eine so große Liebe für Euch, dass ich das Bedürfnis verspüre, Euch in mein Heim einzuladen. Ich möchte Euch das köstlichste Mahl zubereiten. Ich erwarte nicht, dass Ihr mein Angebot annehmt, doch ich musste es Euch einfach wissen lassen.«

Der Meister sah in die Augen des Mannes, und mit dem herrlichsten Lächeln sagte er: »Bereite alles vor. Ich werde kommen.« Dann ging der Meister von dannen.

Die Freude des Mannes über diese Worte war groß. Er konnte es kaum erwarten, den Meister zu bedienen und ihm seine Liebe zu zeigen. Dies würde der wichtigste Tag in seinem Leben sein: Der Meister würde zu ihm kommen. Er kaufte die besten Nahrungsmittel und den kostbarsten Wein und fand die schönsten Kleider, die er dem Meister als Geschenk darbieten wollte. Dann lief er nach Hause, um den Meister zu empfangen. Er putzte sein Haus von oben bis unten, bereitete das köstlichste Mahl zu und deckte wunderschön den Tisch. Sein Herz war voller Freude, weil der Meister bald da sein würde.

Als jemand an die Tür klopfte, öffnete er schnell, doch anstelle des Meisters fand er eine alte Frau. Sie sah ihm in die Augen und sagte: »Ich habe Hunger. Könnt Ihr mir ein Stück Brot geben?«

Der Mann war ein wenig enttäuscht, da es nicht der Meister war, der an seine Tür geklopft hatte. Er sah die Frau an und sagte: »Bitte, kommt herein.« Er bot ihr den Platz an, den er für den Meister vorbereitet hatte, und gab ihr die für ihn zubereiteten Speisen. Doch war er ungeduldig und konnte es kaum erwarten, bis sie fertig gegessen hatte. Die alte Frau war von der Großzügigkeit dieses Mannes berührt. Sie dankte ihm und ging.

Der Mann war kaum damit fertig, noch einmal den Tisch für den Meister vorzubereiten, als wieder jemand an die Tür klopfte. Dieses Mal war es ein Fremder, der die Wüste durchquert hatte. Der Fremde sah dem Mann in die Augen und sagte: »Ich habe Durst. Könnt Ihr mir etwas zu trinken geben?«

Der Mann war wieder ein wenig enttäuscht, da es sich bei dem Besucher nicht um den Meister handelte. Er lud den Fremden in sein Haus und ließ ihn an dem Tisch Platz nehmen, den er für den Meister gedeckt hatte. Er servierte den Wein, den er dem Meister hatte kredenzen wollen. Nachdem der Fremde gegangen war, bereitete der Mann noch einmal alles für den Meister vor.

Und wieder klopfte jemand an die Tür. Als der Mann öffnete, stand ein Kind davor. Das Kind schaute zu dem Mann empor und sagte: »Ich friere. Könnt Ihr mir eine Decke geben, damit ich meinen Körper vor der Kälte schützen kann?«

Der Mann war ein wenig enttäuscht, da es nicht der Meister war, der vor seiner Türe stand, doch sah er in die Augen des Kindes und empfand Liebe in seinem Herzen. Schnell griff er die Kleidungsstücke, die er dem Meister hatte überreichen wollen, und streifte sie dem Kind über. Das Kind dankte ihm und ging.

Noch einmal bereitete der Mann alles für den Meister vor und wartete dann auf ihn, bis es sehr spät wurde. Als er merkte, dass der Meister nicht mehr kommen würde, war er enttäuscht, doch im nächsten Augenblick verzieh er dem Meister. Er sagte zu sich selbst: »Ich wusste, dass ich nicht erwarten konnte, dass der Meister in mein bescheidenes Heim kommt. Obwohl er gesagt hat, dass er kommen würde, muss ihn etwas Wichtigeres an einen anderen Ort geführt haben. Der Meister ist nicht gekommen, doch wenigstens hat er mir gesagt, dass er kommen würde, und das ist genug, um mein Herz zu erfreuen.«

Langsam räumte der Mann die Speisen fort, stellte den Wein beiseite und ging zu Bett. In jener Nacht träumte er, dass der Meister zu ihm nach Hause käme.

Er war glücklich, ihn zu sehen, doch wusste er nicht, dass er träumte. »Meister, Ihr seid gekommen! Ihr habt Euer Wort gehalten.«

Der Meister erwiderte: »Ja, ich bin hier, doch ich war schon einmal hier. Ich hatte Hunger und du hast mein Bedürfnis nach Nahrung gestillt. Ich hatte Durst und du hast mir den Wein eingeschenkt. Ich fror und du hast mich gekleidet. Was immer du für andere tust, tust du für mich.«

Der Mann erwachte, und sein Herz war von einem Gefühl der Glückseligkeit erfüllt, denn er verstand, was der Meister ihn gelehrt hatte. Der Meister liebte ihn so sehr, dass er ihm drei Menschen gesandt hatte, um ihm die wichtigste aller Lektionen zu erteilen: Der Meister lebt in jedem Menschen. Wenn Sie demjenigen Nahrung geben, der hungert; dem zu trinken geben, der durstig ist; und denjenigen mit warmer Kleidung versehen, der friert, dann geben Sie Ihre Liebe dem Meister.

I

Der verwundete Geist

VIELLEICHT HABEN SIE NOCH NIE DARÜBER NACHGE-
DACHT, doch auf die eine oder andere Weise sind wir
alle Meister. Wir sind Meister, weil wir die Macht
haben, unser eigenes Leben zu erschaffen und zu
gestalten.

Ebenso wie Kulturen und Religionen überall auf der
Welt die unglaublichsten Mythologien erschaffen,
erschaffen wir unsere eigenen. Unsere persönliche

Mythologie ist bevölkert von Helden und Bösewichtern, Engeln und Dämonen, Herrschern und Untertanen. Wir erschaffen uns in unserem Geist eine ganze Bevölkerung, einschließlich multipler Persönlichkeiten für uns selbst. Dann perfektionieren wir dieses Bild, um es in bestimmten Situationen zu benutzen. Wir werden zu Künstlern im Zurschaustellen und Projizieren unseres Bildes und wir meistern, was immer wir zu sein glauben. Wenn wir anderen Menschen begegnen, klassifizieren wir sie sofort und schreiben ihnen eine Rolle in unserem Leben zu. Wir machen uns von anderen ein Bild, entsprechend dem, was sie unserer Meinung nach darstellen. Das Gleiche tun wir mit allem und jedem in unserer Umgebung.

Sie haben die Macht, Dinge zu erschaffen. Ihre Macht ist so groß, dass alles, was Sie glauben, wahr wird. Sie erschaffen sich selbst, wie immer Sie glauben, dass Sie sind. Sie sind so, wie Sie sind, weil es das ist, was Sie von sich selbst glauben. Ihre Realität, alles, was Sie glauben, ist ausschließlich Ihre Schöpfung. Ihre Macht ist genauso groß wie die jedes anderen Menschen auf der Welt. Der Hauptunterschied zwischen Ihnen und jemand anderem besteht darin, wie Sie Ihre Macht anwenden, was Sie mit Ihrer Macht erschaffen. Sie mögen anderen Menschen in vieler Hinsicht ähnlich sein, doch niemand sonst lebt sein Leben so, wie Sie es tun.

Sie haben Ihr Leben lang geübt, der zu sein, der Sie sind, und Sie sind so gut darin, dass Sie das, was Sie zu sein glauben, meistern. Sie meistern Ihre eigene Persönlichkeit, Ihre eigenen Glaubenssätze. Sie meistern jede Aktion, jede Reaktion. Sie üben viele Jahre lang und Sie werden vollendet in dem, was Sie zu sein glauben. Sobald wir sehen können, dass wir alle Meister sind, können wir erkennen, welche Art von Vollendung uns zu eigen ist.

Wenn wir als Kind ein Problem mit jemandem haben, werden wir wütend. Aus welchem Grund auch immer, diese Wut schafft das Problem aus der Welt; wir erzielen das Resultat, das wir haben wollen. Es passiert ein zweites Mal – wir reagieren mit Wut – und jetzt wissen wir, dass wir das Problem aus der Welt schaffen, wenn wir wütend werden. Dann üben wir und üben wir, bis wir zu Meistern der Wut werden.

In der gleichen Weise werden wir zu Meistern der Eifersucht, zu Meistern der Traurigkeit, zu Meistern der Selbstablehnung. Alle unsere Dramen und Leiden haben wir uns durch stetiges Üben zu eigen gemacht. Wir treffen eine Vereinbarung mit uns selbst und wir praktizieren diese Vereinbarung, bis sie zu einer persönlichen Vollendung wird. Die Art, wie wir denken, die Art, wie wir fühlen, und die Art, wie wir handeln, wird uns so sehr zur Gewohnheit, dass wir nicht länger bewusst auf das achten müssen, was wir tun. Ausschließlich durch Aktion und Reaktion verhalten wir uns auf eine bestimmte Weise.

Um Vollendung in der Liebe zu erreichen, müssen wir Liebe praktizieren. Auch die Kunst der Beziehung ist eine Vollendung für sich, und die einzige Möglichkeit, Vollendung zu erreichen, besteht darin, dass wir üben und üben und üben. Daher hat das Meistern einer Beziehung etwas mit Aktion zu tun. Es handelt sich dabei weder um Konzepte noch um das Erwerben von Wissen. Allerdings müssen wir ein bisschen Wissen haben, um handeln zu können, oder zumindest ein wenig mehr Bewusstsein dessen, wie Menschen funktionieren.

Ich möchte, dass Sie sich vorstellen, auf einem Planeten zu leben, wo jeder eine Hautkrankheit hat. Seit zwei- oder dreitausend Jahren leiden alle Menschen auf Ihrem Planeten unter derselben Krankheit. Ihre Körper sind von oben bis unten mit infizierten Wunden übersät und diese Wunden tun sehr weh, wenn sie berührt werden. Natürlich glauben diese Menschen, dass ihr Zustand die normale Physiologie der Haut darstellt. Selbst die medizinischen Bücher beschreiben diese Krankheit als eine normale

Erscheinung. Wenn die Menschen geboren werden, ist ihre Haut gesund, doch im Alter von drei oder vier Jahren beginnen sich die ersten Wunden zu bilden. Wenn sie zu Jugendlichen herangewachsen sind, haben sie schließlich am ganzen Körper Wunden.

Können Sie sich vorstellen, wie diese Menschen miteinander umgehen werden? Um mit einem anderen in Beziehung zu treten, müssen sie ihre Wunden schützen. Sie berühren so gut wie nie die Haut des anderen, weil es zu schmerzhaft ist. Wenn Sie unbeabsichtigt die Haut eines Menschen berühren, dann tut das so weh, dass der Betreffende wütend wird und ebenfalls Ihre Haut berührt, nur um sich zu rächen. Dennoch ist der Instinkt zu lieben so stark, dass Sie bereit sind, einen hohen Preis dafür zu zahlen, Beziehungen mit anderen Menschen einzugehen.

Nun stellen Sie sich vor, dass eines Tages ein Wunder geschieht. Sie wachen auf und Ihre Haut ist vollständig geheilt. Sie haben nicht mehr die geringsten Wunden, und wenn jemand Sie berührt, verursacht Ihnen das keinerlei Schmerzen. Gesunde Haut, die man berühren kann, fühlt sich wunderbar an, da die Haut zum Zwecke der Wahrnehmung und des Fühlens gemacht ist. Können Sie sich vorstellen, eine gesunde Haut zu haben in einer Welt, in der jeder an einer Hautkrankheit leidet? Sie können andere Menschen nicht berühren, weil es ihnen wehtut, und niemand berührt Sie, weil alle davon ausgehen, dass es Ihnen Schmerzen verursachen wird.

Wenn Sie sich dies vorstellen können, werden Sie vielleicht verstehen, was für eine Erfahrung jemand von einem anderen Planeten, der uns besuchen kommt, mit den Menschen machen würde. Doch ist es nicht unsere Haut, die mit Wunden bedeckt ist. Was der Besucher entdecken würde, ist die Tatsache, dass der menschliche Geist unter einer Krankheit leidet, die »Angst« heißt. Genau wie bei der entzündeten Haut beschrieben, ist der emotionale Körper mit Wunden übersät und diese Wunden sind mit emotionalem Gift infiziert. Die Manifestationen dieser Krankheit der Angst sind Wut, Hass, Traurigkeit, Neid und Heuchelei; das Resultat dieser Krankheit sind alle Emotionen, die den Menschen Leid verursachen.

Alle Menschen leiden unter derselben Erkrankung des Geistes. Wir können sogar so weit gehen und sagen, dass diese Welt ein Krankenhaus für geistig Behinderte ist. Doch diese Erkrankung des Geistes gibt es auf der Welt schon seit tausenden von Jahren, und die medizinischen, psychiatrischen und psychologischen Bücher beschreiben diese Krankheit als etwas Normales. Doch glauben Sie mir, sie ist ganz und gar nicht normal.

Wenn die Angst zu groß wird, beginnt der logische

Verstand zu versagen und ist nicht mehr länger in der Lage, alle diese mit Gift angefüllten Wunden zu ertragen. In den Psychologiebüchern wird dieser Zustand als Geisteskrankheit bezeichnet. Wir nennen ihn Schizophrenie, Paranoia, Psychose. Doch in Wahrheit treten diese Krankheiten auf, weil der logische Verstand so voller Angst und die Wunden so schmerzhaft sind, dass es besser ist, den Kontakt mit der Außenwelt abzubrechen.

Menschen leben in der unaufhörlichen Angst davor, verletzt zu werden, und das führt zu ungeheuren Dramen, wo immer wir uns befinden. Die Art und Weise, wie Menschen miteinander umgehen, ist so schmerzhaft, dass wir ohne jeden ersichtlichen Grund wütend, eifersüchtig, neidisch oder traurig werden. Sogar die Worte »Ich liebe dich« auszusprechen kann furchterregend sein. Doch obwohl es schmerzhaft und furchterregend ist, sich emotional zu engagieren, tun wir es dennoch. Wir gehen Beziehungen ein, wir heiraten und wir setzen Kinder in die Welt.

Um unsere emotionalen Wunden zu schützen und aufgrund unserer Angst davor, verletzt zu werden, erschaffen Menschen in ihrem Geist etwas sehr Ausgeklügeltes: ein allumfassendes System der Leugnung. In diesem Leugnungssystem entwickeln wir uns zu perfekten Lügnern. Wir lügen so perfekt, dass wir uns sogar selbst belügen und unsere eigenen Lügen auch noch *glauben*. Wir merken gar nicht mehr, dass wir lügen, und zuweilen, wohl wissend, dass wir lügen, rechtfertigen wir unser Verhalten und entschuldigen die Lüge, um uns vor den Schmerzen unserer Wunden zu schützen.

Das Leugnungssystem ist wie eine Nebelwand direkt vor unseren Augen, die uns blendet und verhindert, dass wir die Wahrheit sehen können. Wir tragen eine gesellschaftliche Maske, weil es zu sehr schmerzt, uns selbst zu sehen oder andere sehen zu lassen, wie wir wirklich sind. Dieses Leugnungssystem dagegen ermöglicht es uns, so zu tun, als ob alle das glauben, was wir wollen, dass sie über uns glauben. Wir errichten diese Schranken zum Schutz und um andere Menschen von uns fern zu halten, doch gleichzeitig halten uns diese Barrieren zurück und beschränken unsere Freiheit. Menschen tarnen und schützen sich, und wenn Sie eine Wunde in seiner Seele berühren, dann reagiert er darauf, weil es ihm wehtut.

Wenn Ihnen bewusst ist, dass jeder Mensch in Ihrer Umgebung emotionale Wunden hat, die mit emotionalem Gift infiziert sind, können Sie leicht die Beziehung der Menschen an dem Ort verstehen, den die Tolteken den *Traum von der Hölle* nennen. Aus der toltekischen Perspektive ist alles, was wir über uns selbst glauben, und alles, was wir über unsere Welt wissen, ein Traum. Wenn Sie sich diverse religiöse Beschreibungen der *Hölle* anschauen, stellen Sie fest, dass sie identisch ist mit unserer menschlichen Gesellschaft, mit der Art, wie wir träumen. Die Hölle ist ein Ort des Leidens, ein Ort der Angst, ein Ort von Krieg und Gewalt, ein Ort, an dem verurteilt wird und an dem es keine Gerechtigkeit gibt, ein Ort nie endender Strafen. Dort kämpfen in einem Dschungel voller Raubtiere Menschen gegen Menschen; Menschen voller Vorurteile, voller Vorwürfe, voller Schuldgefühle, angefüllt mit emotionalem Gift – Neid, Hass, Wut, Traurigkeit, Leiden. Wir erschaffen alle diese kleinen Dämonen in unserem Geist, da wir gelernt haben, in unserem eigenen Leben die Hölle zu träumen.

Jeder von uns erschafft sich seinen eigenen persönlichen Traum, doch die Menschen, die vor uns kamen, erschufen einen großen äußeren Traum, den Traum von der menschlichen Gesellschaft. Der äußere Traum, oder der Traum des Planeten, ist der kollektive Traum von Milliarden Träumern. Der große Traum schließt alle Regeln der Gesellschaft ein, ihre Gesetze, ihre Religionen, ihre unterschiedlichen Kulturen und Arten des Seins. Diese in unserem Geist aufbewahrte Information ist wie tausend Stimmen, die alle auf einmal auf uns einreden. Die Tolteken nennen dies *mitote*.

In Wahrheit sind wir reine Liebe; wir sind *Leben*. Unser wahres Wesen hat nichts mit dem Traum zu tun, doch das *mitote* hält uns davon ab zu erkennen, was wir wirklich sind. Wenn Sie den Traum aus dieser Perspektive sehen und wenn Ihnen bewusst ist, was Sie wirklich sind, erkennen Sie das unsinnige Verhalten der Menschen und empfinden es als amüsant. Was für jeden anderen ein großer Traum ist, wird für Sie zu einer Komödie. Sie können sehen, wie Menschen wegen etwas leiden, was völlig unwichtig und überhaupt nicht wahr ist. Doch wir haben keine Wahl. Wir sind in diese Gesellschaft hineingeboren worden, wir wachsen in dieser Gesellschaft heran, und wir lernen, so zu sein wie jeder andere, uns ununterbrochen mit Unsinn zu beschäftigen und wegen bloßem Unsinn miteinander zu konkurrieren.

Stellen Sie sich vor, Sie könnten einen Planeten besuchen, auf dem jeder eine andere Art von emotionalem Verstand hat. Die Art und Weise, wie die Wesen dort miteinander umgehen, ist immer von Glück erfüllt, immer liebevoll, immer friedlich. Jetzt stellen Sie sich vor, dass Sie eines Tages auf *diesem* Planeten erwachen und Ihr emotionaler Körper keine Wunden mehr hat. Sie haben keine Angst mehr, der zu sein, der Sie wirklich sind. Was immer andere über Sie sagen, was immer sie tun, Sie nehmen es nicht länger persönlich, und es bereitet Ihnen keine

Schmerzen mehr. Sie müssen sich nicht mehr schützen. Sie haben keine Angst davor zu lieben, zu teilen, Ihr Herz zu öffnen. Doch niemand anders ist so wie Sie. Wie können Sie mit Menschen in Beziehung treten, die emotional verwundet und krank vor Angst sind?

Wenn ein Mensch geboren wird, ist der emotionale Geist, der emotionale Körper, völlig gesund. Ungefähr im Alter von drei oder vier Jahren stellen sich die ersten Wunden im emotionalen Körper ein und werden mit emotionalem Gift infiziert. Doch wenn Sie Kinder beobachten, die zwei oder drei Jahre alt sind, und sehen, wie sie sich verhalten, merken Sie, dass sie die ganze Zeit spielen. Sie merken, wie sie ständig lachen. Die Vorstellungskraft dieser kleinen Kinder ist ungeheuer stark, und die Art, wie sie träumen, ist ein einziges Abenteuer der Entdeckung. Wenn etwas verkehrt läuft, dann reagieren sie darauf und verteidigen sich. Doch es ist sofort vorbei, und sie richten ihre Aufmerksamkeit wieder auf den gegenwärtigen Augenblick, beginnen wieder zu spielen, zu forschen und Spaß zu haben. Sie leben völlig im Hier und Jetzt. Sie schämen sich nicht der Vergangenheit; sie machen sich keine Sorgen um die

Zukunft. Kleine Kinder bringen das zum Ausdruck, was sie fühlen, und sie haben keine Angst davor, zu lieben.

Die glücklichsten Augenblicke unseres Lebens sind die, wenn wir genau wie Kinder spielen, wenn wir singen und tanzen, wenn wir nur zum Spaß etwas entdecken und erschaffen. Es ist wunderbar, wenn wir uns wie ein Kind verhalten, da dies der Ausdruck des normalen menschlichen Geistes ist, der normalen menschlichen Natur. Als Kinder sind wir unschuldig und es ist natürlich für uns, Liebe auszudrücken. Doch was ist mit uns passiert? Was ist mit der ganzen Welt passiert?

Folgendes ist geschehen: Wenn wir Kinder sind, haben die Erwachsenen bereits diese Erkrankung des Geistes und sie ist ungeheuer ansteckend. Wie übertragen die Erwachsenen diese Krankheit auf uns? Sie »fangen unsere Aufmerksamkeit ein« und lehren uns, so zu sein wie sie. Auf diese Weise geben wir unsere Krankheit an unsere Kinder weiter, und auf diese Weise haben uns unsere Eltern, unsere Lehrer, unsere älteren Geschwister mit dieser Krankheit infiziert. Durch ständige Wiederholungen haben sie unsere Aufmerksamkeit eingefangen und unseren Geist mit Informationen angefüllt. Auf diese Weise haben wir gelernt. Auf diese Weise programmieren wir den menschlichen Geist.

Das Problem ist das Programm, die Information, die wir in unserem Kopf gespeichert haben. Indem wir ihre Aufmerksamkeit einfangen, bringen wir Kindern eine Sprache bei, lehren sie, wie man liest, wie man sich zu verhalten hat, wie man träumt. Wir domestizieren Menschen auf die gleiche Art wie einen Hund oder irgendein anderes Tier: mit Hilfe von Strafe und Belohnung.

Wir haben Angst, bestraft zu werden. Später haben wir außerdem Angst davor, die Belohnung nicht zu bekommen, nicht gut genug zu sein für Mama und Papa, Geschwister oder Lehrer. Das Bedürfnis, akzeptiert zu werden, wird geboren. Davor ist es uns egal, ob wir akzeptiert werden oder nicht. Die Meinungen anderer Leute sind uns unwichtig. Sie sind deswegen unwichtig, weil wir einfach spielen und im Moment leben wollen und uns keine Gedanken darüber machen.

Die Angst, keine Belohnung zu bekommen, wird zur Angst vor Ablehnung. Es ist die Tatsache, in den Augen eines anderen nicht gut genug zu sein, die in uns den Wunsch entstehen lässt, uns zu ändern. Das führt dazu, dass wir ein Image erschaffen und dann versuchen, dieses Image entsprechend den Erwartungen der anderen nach außen zu projizieren – nur um akzeptiert zu werden, nur um die Belohnung zu erhalten. Wir lernen, uns als jemand auszugeben, der wir nicht sind, wir üben, jemand anderes zu sein, nur um für Mama und Papa, für die Lehrer, für unsere Religion oder was auch immer gut genug zu sein. Wir üben und üben, bis wir schließlich Meister darin werden, das zu sein, was wir nicht sind.

Bald vergessen wir, wer wir wirklich sind, und beginnen, unser Image zu leben. Wir erschaffen nicht nur *ein* Image, sondern viele verschiedene, entsprechend den diversen Gruppen von Menschen, mit denen wir verkehren. Wir erschaffen ein Image für zu Hause, ein Image für die Schule, und wenn wir erwachsen sind, erschaffen wir noch mehr Images.

Das Gleiche gilt für die einfache Beziehung zwischen einem Mann und einer Frau. Die Frau hat ein äußeres Image, das sie auf andere zu projizieren versucht, doch wenn sie alleine ist, hat sie ein anderes Bild von sich selbst. Auch der Mann hat ein äußeres und ein inneres Image. Wenn Mann und Frau das Erwachsenenalter erreicht haben, sind die inneren und äußeren Images so verschieden, dass sie kaum mehr übereinstimmen. In der Beziehung zwischen einem Mann und einer Frau gibt es mindestens vier Images. Wie können sie einander auf diese Weise wirklich kennen? Sie kennen sich nicht. Sie können nur versuchen, das Image zu verstehen. Doch es gibt noch mehr Images, die betrachtet werden müssen.

Wenn ein Mann einer Frau begegnet, macht er

sich ein Bild von ihr, das auf seiner Perspektive beruht, und die Frau macht sich ein Bild des Mannes aus ihrer Perspektive. Dann versucht er, sie dem Bild anzupassen, das er sich von ihr gemacht hat, und sie ist bemüht, ihn ihrem Bild von ihm anzupassen. Mittlerweile gibt es schon sechs Images, mit denen die beiden sich beschäftigen müssen. Natürlich belügen Mann und Frau einander, selbst wenn sie nicht wissen, dass sie lügen. Ihre Beziehung beruht auf Angst; sie beruht auf Lügen. Sie beruht nicht auf der Wahrheit, denn die beiden können aufgrund all dieses Nebels nicht klar sehen.

Solange wir kleine Kinder sind, gibt es keinen Konflikt mit den Images, die wir zu sein vorgeben. Unsere Images werden erst dann wirklich auf die Probe gestellt, wenn wir beginnen, mit der Umwelt zu interagieren und nicht mehr länger unter dem Schutz unserer Eltern stehen. Das ist der Grund, warum es besonders schwierig ist, ein Teenager zu sein. Selbst wenn wir darauf vorbereitet sind, unser Image aufrecht zu erhalten und zu verteidigen, setzt uns die Welt Widerstand entgegen, sobald wir versuchen, unser Image nach außen zu projizieren. Die Außenwelt fängt an, uns zu beweisen – nicht nur privat, sondern öffentlich –, dass wir nicht sind, was wir zu sein vorgeben.

Nehmen wir das Beispiel eines Jugendlichen, der

vorgibt, sehr intelligent zu sein. Er lässt sich in der Schule auf eine Debatte ein, doch jemand, der intelligenter und besser vorbereitet ist, gewinnt diese Debatte und sorgt dafür, dass der Jugendliche sich vor den anderen lächerlich macht. Er wird dann versuchen, vor seinen Schulkameraden sein Image zu erklären, es zu entschuldigen und zu rechtfertigen. Er wird allen gegenüber besonders freundlich sein und sich bemühen, sein Image in ihren Augen zu retten, doch er weiß, dass er lügt. Natürlich versucht er sein Bestes, nicht vor seinen Schulkameraden zusammenzubrechen, doch sobald er alleine ist und sich selbst im Spiegel sieht, geht er hin und zerbricht den Spiegel. Er hasst sich selbst; er hat das Gefühl, ungeheuer dumm zu sein, der Schlechteste von allen. Es gibt eine große Diskrepanz zwischen dem inneren Bild und dem, das er auf die Außenwelt zu projizieren versucht. Je größer diese Diskrepanz ist, desto schwieriger wird die Anpassung an den Traum der Gesellschaft, und desto weniger wird er sich selbst lieben.

Zwischen dem Image, das er zu sein vorgibt, und dem inneren Bild von sich selbst, wenn er alleine ist, bestehen Lügen und noch mehr Lügen. Beide Images haben nicht das Geringste mit der Wirklichkeit zu tun; sie sind falsch, doch er sieht das nicht. Vielleicht kann jemand anderes es sehen, doch er ist dafür vollkommen blind. Sein Leugnungssystem versucht, die Wunden zu schützen, die ihm zugefügt worden sind, doch diese Wunden sind real, und er leidet, weil er mit aller Kraft versucht, ein Image zu verteidigen.

Als Kinder lernen wir, dass die Meinung anderer Menschen wichtig ist, und wir richten unser Leben nach diesen Meinungen aus. Die bloße Meinung eines anderen kann uns tiefer in die Hölle stoßen, eine Meinung, die nicht einmal wahr ist, wie zum Beispiel: »Du siehst hässlich aus. Du hast Unrecht. Du bist dumm.« Meinungen üben eine große Macht aus auf das unsinnige Verhalten von Menschen, die in der Hölle leben. Das ist der Grund, warum es uns ein Bedürfnis ist zu hören, dass wir gut sind, dass wir das Richtige tun, dass wir schön sind. »Wie sehe ich aus? Sind meine Worte gut angekommen? Stehe ich gut da?«

Wir sehnen uns danach, die Meinungen anderer zu hören, weil wir domestiziert sind, und wir lassen uns leicht von diesen Meinungen manipulieren. Daher suchen wir die Anerkennung von anderen Menschen; wir brauchen die emotionale Unterstützung anderer; wir wollen mit Hilfe anderer Menschen vom äußeren Traum akzeptiert werden. Das ist der Grund, warum ein Teenager Alkohol trinkt, Drogen nimmt oder zu rauchen anfängt. Er tut es nur, um von anderen akzeptiert zu werden, die alle die gleiche Meinung haben; er tut es nur, um als »cool« zu gelten.

So viele Menschen leiden aufgrund der falschen Bilder, die sie zu projizieren versuchen. Wir geben vor, etwas sehr Wichtiges zu sein, doch zur gleichen Zeit glauben wir, nichts wert zu sein. Wir geben uns solche Mühe, eine gute Figur zu machen in diesem Traum der Gesellschaft, von den anderen anerkannt und bestätigt zu werden. Wir versuchen mit allen Mitteln, wichtig zu sein, ein Gewinner, machtvoll, reich und berühmt, unseren persönlichen Traum auszudrücken und ihn den Menschen in unserer Umgebung aufzuzwingen. Warum? Weil wir glauben, dass der Traum Wirklichkeit ist, und weil wir ihn sehr ernst nehmen.

2

Der Verlust der Unschuld

MENSCHEN SIND VON NATUR AUS sehr empfindsame Wesen. Wir sind so emotional, weil wir alles mit dem emotionalen Körper wahrnehmen. Der emotionale Körper ist wie ein Radio, das so eingestellt werden kann, dass es bestimmte Frequenzen empfängt und auf bestimmte Frequenzen reagiert. Die normale Frequenz der Menschen vor ihrer Domestizierung besteht darin, das Leben zu erforschen und zu genießen; wir sind auf Liebe eingestellt. Als Kinder ist uns jede Definition von Liebe als abstraktes Konzept unbekannt; wir leben einfach Liebe. Das ist es, was wir sind.

Der emotionale Körper besitzt eine Komponente vergleichbar einem Alarmsystem, das uns wissen lässt, wenn etwas nicht stimmt. Das Gleiche gilt für den physischen Körper; auch er hat ein Alarmsystem, um uns wissen zu lassen, wenn irgendetwas mit unserem Körper nicht stimmt. Wir nennen es Schmerz. Wenn wir Schmerzen empfinden, liegt das daran, dass etwas im Körper durcheinander geraten ist und wir es uns anschauen und reparieren müssen. Das Alarmsystem für den emotionalen Körper ist Angst. Wenn wir Angst empfinden, bedeutet dies, dass etwas nicht in Ordnung ist. Vielleicht laufen wir Gefahr, unser Leben zu verlieren.

Der emotionale Körper nimmt Gefühle wahr, jedoch nicht durch die Augen. Wir nehmen Gefühle durch unseren emotionalen Körper wahr. Kinder *fühlen* einfach Emotionen, und weder interpretiert ihr logischer Verstand sie noch stellt er sie in Frage. Das ist der Grund, warum Kinder bestimmte Menschen akzeptieren und sich gegen andere sträuben. Wenn sie sich in der Gegenwart eines Menschen nicht wohl fühlen, dann lehnen sie den Betreffenden ab, weil sie die Emotionen spüren können, die derjenige projiziert. Kinder merken schnell, wenn jemand wütend ist. Ihr Alarmsystem produziert dann Angst, die besagt: »Halte dich von ihm fern.« Und sie folgen ihrem Instinkt – sie halten sich fern.

Die emotionale Energie in unserem Elternhaus und unsere persönliche Reaktion auf diese Energie bestimmen, wie wir mit unseren Gefühlen umgehen. Das ist der Grund, warum jeder Bruder und jede Schwester anders reagieren wird, entsprechend der Art und Weise, wie sie gelernt haben, sich zu verteidigen und sich unterschiedlichen Umständen anzupassen. Wenn unsere Eltern sich ständig streiten, wenn Disharmonie, Respektlosigkeit und Lügen an der Tagesordnung sind, lernen wir, uns emotional genauso zu verhalten wie sie. Selbst wenn sie uns nahe legen, nicht so zu werden wie sie und nicht zu lügen, wird die emotionale Energie unserer Eltern, unserer ganzen Familie, dafür sorgen, dass wir die Welt auf ähnliche Weise wahrnehmen.

Die emotionale Energie, die in unserem Elternhaus herrscht, stimmt unseren emotionalen Körper auf diese Frequenz ein. Der emotionale Körper beginnt seine Melodie zu verändern, bis sie nicht mehr der ursprünglichen Melodie des menschlichen Wesens gleicht. Wir spielen das Spiel der Erwachsenen, wir spielen das Spiel des äußeren Traumes, und dabei verlieren wir. Wir verlieren unsere Unschuld, wir verlieren unsere Freiheit, wir verlieren unsere Fröhlichkeit und wir verlieren unsere angeborene Neigung zu lieben. Wir sind gezwungen, uns zu ändern, und wir beginnen, eine andere Welt wahrzunehmen, eine andere Realität: die Realität der Ungerechtigkeit, die Realität emotionaler Schmerzen, die Realität des emotionalen Giftes. Willkommen in der Hölle – der Hölle, die von den Menschen geschaffen wird und die der Traum des Planeten ist. Wir werden in dieser Hölle willkommen geheißen, doch wir persönlich haben sie nicht erfunden. Sie existierte schon lange, bevor wir geboren wurden.

Wenn Sie Kinder beobachten, können Sie sehen, wie sehr Liebe und Freiheit zerstört werden. Stellen Sie sich ein Kind von etwa zwei oder drei Jahren vor, das auf der Wiese herumläuft und sich freut. Die Mutter ist da und passt auf ihren kleinen Sohn auf. Sie hat Angst, dass er hinfallen und sich verletzen könnte. Es kommt der Moment, wo sie ihn bremsen möchte, doch das Kind denkt, seine Mama will mit ihm spielen, also versucht es, noch schneller vor ihr wegzulaufen. Autos fahren auf der nahe gelegenen Straße vorbei, was die Angst der Mutter noch verstärkt, und schließlich fängt sie den Kleinen ein. Er glaubt, dass seine Mutter mit ihm spielen will, doch sie gibt ihm einen Klaps auf den Po. Bumm! Das ist ein Schock. Die Fröhlichkeit des Kindes war ein Ausdruck von Liebe, die aus seinem Inneren kam, und es versteht nicht, warum seine Mutter sich so verhält. Diese Art von Schock sorgt dafür, dass sich die Liebe im Laufe der Zeit immer mehr zurückzieht. Das Kind versteht die Worte nicht, die ihm gesagt werden, aber dennoch kann es fragen: »Warum?«

Herumtollen und Spielen ist ein Ausdruck von Liebe, doch offensichtlich birgt es gewisse Gefahren, weil Ihre Eltern Sie bestrafen, wenn Sie Ihre Liebe zum Ausdruck bringen. Sie werden zur Strafe auf Ihr Zimmer geschickt und dürfen nicht tun, was Sie wollen. Ihre Eltern sagen Ihnen, dass Sie ein böser Junge oder ein böses Mädchen sind, und das bedeutet Strafe und gibt Ihnen ein Gefühl der Demütigung.

In diesem System von Belohnung und Bestrafung gibt es ein Gefühl der Gerechtigkeit und Ungerechtigkeit, dessen, was fair ist und was nicht. Das Gefühl der Ungerechtigkeit ist wie ein Messer, das eine emotionale Wunde in unseren Geist schneidet. Dann, entsprechend unserer Reaktion auf die Ungerechtigkeit, besteht die Möglichkeit, dass diese Wunde mit emotionalem Gift infiziert wird. Warum infizieren sich manche Wunden? Wir wollen uns hierzu ein anderes Beispiel betrachten.

Stellen Sie sich vor, Sie sind zwei oder drei Jahre alt. Sie sind fröhlich, Sie spielen, Sie entdecken die Welt. Sie wissen nicht, was gut ist, was schlecht ist, was richtig und was falsch ist, was Sie tun sollten und was Sie nicht tun sollten, denn Sie sind noch nicht domestiziert. Sie spielen im Wohnzimmer mit allem, was Sie finden können. Sie haben keinerlei schlechte Intentionen, Sie haben nicht vor, etwas kaputt zu machen, doch Sie spielen mit der Gitarre Ihres Vaters. Für Sie ist es einfach ein Spielzeug; Sie haben nicht die geringste Absicht, Ihrem Vater wehzutun. Doch Ihr Vater hatte einen schlechten Tag und fühlt sich sich nicht wohl. Es gab Probleme in seiner Firma, und als er nach Hause kommt, geht er ins Wohnzimmer und sieht, wie Sie mit seinen Sachen spielen. Er wird sofort wütend, packt Sie und verhaut Sie.

Aus Ihrer Perspektive betrachtet, ist dies eine Ungerechtigkeit. Ihr Vater kommt einfach rein, ist wütend und tut Ihnen weh. Dieser Mensch war jemand, dem Sie vollkommen vertrauten, weil er Ihr Papa ist, jemand, der Sie normalerweise beschützt und Ihnen erlaubt, zu spielen und Sie selbst zu sein. Jetzt ist etwas geschehen, was irgendwie nicht in dieses Bild hineinpasst. Dieses Gefühl der Ungerechtigkeit ist wie ein Schmerz in Ihrem Herzen. Sie fühlen sich verletzbar; es tut weh und bringt Sie zum Weinen. Doch Sie weinen nicht nur, weil er Sie verhaut. Es ist nicht die physische Aggression, die Ihnen wehtut; vielmehr ist es die emotionale Aggression, von der Sie spüren, dass sie nicht gerecht ist. *Sie haben schließlich nichts Böses getan.*

Dieses Gefühl der Ungerechtigkeit führt zu einer

Wunde in Ihrer Seele. Ihr emotionaler Körper ist verletzt, und in diesem Augenblick verlieren Sie ein wenig von Ihrer Unschuld. Sie lernen, dass Sie Ihrem Vater nicht immer vertrauen können. Selbst wenn Ihr Verstand das noch nicht erfasst, noch nicht analysiert, versteht er trotzdem: »Ich kann nicht vertrauen.« Ihr emotionaler Körper sagt Ihnen, dass es etwas gibt, dem Sie nicht vertrauen können, und dass dieses Etwas sich wiederholen kann.

Ihre Reaktion kann Angst sein, Wut, Scheu oder einfach Weinen. Doch dies ist bereits ein emotionales Gift, denn vor der Domestizierung besteht die normale Reaktion darin, dass Sie zurückschlagen wollen, wenn Ihr Papa Ihnen den Hintern versohlt. Also schlagen Sie zurück oder haben zumindest die Absicht, die Hand gegen ihn zu erheben, und das macht Ihren Vater nur noch wütender. Das Erheben Ihrer Hand gegen ihn führt zu einer noch schlimmeren Bestrafung. Jetzt wissen Sie, dass er Sie erledigen wird. Jetzt haben Sie Angst vor ihm und Sie verteidigen sich nicht länger, da Sie wissen, dass die Dinge dadurch nur noch schlimmer werden.

Sie verstehen immer noch nicht warum, doch Sie wissen jetzt, dass Ihr Vater Sie sogar töten kann, wenn er will. Das schlägt eine furchtbare Wunde in Ihren Geist. Davor waren Ihr Geist, Ihre Seele vollkommen gesund. Sie waren unschuldig. Nach diesem Ereignis versucht der logische Verstand, etwas mit dieser Erfahrung anzufangen. Sie lernen, auf eine bestimmte Weise zu reagieren, auf Ihre persönliche Weise. Dieses Gefühl prägt sich Ihnen ein und verändert Ihre Lebensweise. Und diese Erfahrung wird sich von nun an immer öfter wiederholen. Die Ungerechtigkeit wird von Mama und Papa, von Brüdern und Schwestern, von Onkel und Tanten, von der Schule, der Gesellschaft, von jedem ausgeübt. Mit jeder neuen Angst lernen Sie, sich zu verteidigen, doch nicht so, wie Sie es vor Ihrer Zähmung taten, als Sie sich einfach verteidigten und dann weiterspielten.

In der Wunde befindet sich nun etwas, das zunächst kein großes Problem darstellt: emotionales Gift. Dieses Gift sammelt sich an, und der Verstand beginnt mit diesem Gift zu spielen. Wir fangen an, uns ein wenig Sorgen um die Zukunft zu machen, weil wir die Erinnerung an das Gift in uns tragen und nicht wollen, dass sich diese Situation wiederholt. Außerdem haben wir Erinnerungen daran, akzeptiert worden zu sein; wir erinnern uns an die Zeit, als Mama und Papa gut zu uns waren und wir in Harmonie gelebt haben. Wir wollen diese Harmonie wiedererlangen, aber wir wissen nicht, wie wir das bewerkstelligen können. Und weil wir uns in der Seifenblase unserer eigenen Wahrnehmung befinden, scheint jetzt alles, was in unserer Umgebung passiert, *wegen uns* zu passieren.

Wir glauben, dass Mama und Papa sich wegen uns streiten, selbst wenn ihre Auseinandersetzung nicht das Geringste mit uns zu tun hat.

Allmählich verlieren wir unsere Unschuld; wir fangen an, Bitterkeit zu empfinden, und schließlich können wir nicht länger mehr vergeben. Im Laufe der Zeit lehren uns diese Ereignisse und Interaktionen, dass es nicht sicher ist, der zu sein, der wir wirklich sind. Natürlich variiert diese Erkenntnis in ihrer Intensität von Mensch zu Mensch entsprechend seiner Intelligenz und seiner Erziehung. Sie hängt von vielen Dingen ab. Wenn Sie Glück haben, ist die Domestizierung nicht so ausgeprägt. Doch wenn Sie Pech haben, können die Domestizierung so allumfassend und die Wunden so tief sein, dass Sie unter Umständen sogar Angst davor haben, den Mund aufzumachen. Das Resultat ist: »Oh, ich bin so schüchtern.« Schüchternheit ist die Angst, sich auszudrücken. Vielleicht glauben Sie, dass Sie nicht wissen, wie man tanzt oder singt, doch handelt es sich hierbei nur um eine Unterdrückung des normalen menschlichen Instinktes, Liebe zum Ausdruck zu bringen.

Menschen benutzen Angst, um andere Menschen zu domestizieren, und unsere Angst verstärkt sich mit jeder Erfahrung von Ungerechtigkeit. Das Gefühl der Ungerechtigkeit ist das Messer, das eine Wunde in unseren emotionalen Körper schneidet. Emotionales Gift entsteht durch unsere *Reaktion* auf das, was wir als Ungerechtigkeit empfinden. Einige Wunden heilen wieder, andere werden mit mehr und mehr Gift infiziert. Wenn wir erst einmal mit emotionalem Gift angefüllt sind, verspüren wir das Bedürfnis, es loszuwerden, und wir praktizieren dieses Loswerden des Giftes, indem wir es jemand anderem geben. Wie tun wir das? Indem wir die Aufmerksamkeit einer anderen Person einfangen.

Nehmen wir ein Ehepaar. Aus irgendeinem Grund ist die Frau wütend. Sie ist durch eine Ungerechtigkeit, die ihr Ehemann begangen hat, mit einer Menge emotionalen Giftes erfüllt. Der Mann ist nicht zu Hause, doch sie erinnert sich an diese Ungerechtigkeit und das Gift in ihrem Inneren vermehrt sich. Wenn der Mann nach Hause kommt, hat sie keinen anderen Wunsch, als sofort seine Aufmerksamkeit einzufangen, denn wenn sie erst einmal seine Aufmerksamkeit gewonnen hat, kann all das emotionale Gift in ihrer Seele auf ihren Mann übergehen und sie wird sich erleichtert fühlen. Sobald sie ihm sagt, was für ein schlechter Mensch er ist, wie dumm oder ungerecht er sich verhält, überträgt sich das Gift in ihrem Inneren auf ihn.

Sie redet und redet auf ihn ein, bis sie seine Aufmerksamkeit hat. Schließlich reagiert der Mann und wird wütend, woraufhin sie sich besser fühlt. Doch jetzt fließt das Gift durch ihn und er muss sich rächen. Jetzt hat er das Bedürfnis, *ihre* Aufmerksamkeit einzufangen und das Gift loszuwerden, doch mittlerweile ist es nicht mehr nur ihr Gift – es ist ihr Gift *und* sein Gift. Wenn Sie sich diese Interaktion anschauen, werden Sie erkennen, dass die beiden Personen jeweils die Wunden des anderen berühren und mit ihrem emotionalem Gift Pingpong spielen. Das Gift vermehrt sich immer weiter, bis eines Tages einer von beiden explodieren wird. Viele Menschen gehen in dieser Weise miteinander um.

Indem Sie die Aufmerksamkeit des anderen einfangen, überträgt sich die Energie von einer Person auf die andere. Die Aufmerksamkeit ist etwas sehr Machtvolles im menschlichen Geist. Jeder Mensch auf der Welt jagt ständig der Aufmerksamkeit anderer Menschen hinterher. Wenn wir die Aufmerksamkeit eines anderen einfangen, erschaffen wir Kommunikationskanäle. Der Traum wird übertragen, doch mit ihm auch emotionales Gift.

Normalerweise geben wir das Gift an den Menschen weiter, von dem wir glauben, dass er für die Ungerechtigkeit verantwortlich ist. Doch wenn der Betreffende so machtvoll ist, dass wir ihm unser Gift nicht geben können, ist es uns egal, wer es bekommt, solange wir es loswerden. Wir schicken es den Kleinen, die sich nicht gegen uns wehren können, und auf diese Weise bilden sich negative Beziehungen. Weil sie ihr emotionales Gift loswerden müssen, missbrauchen die machtvollen Menschen jene, die weniger Macht haben. Manchmal wollen wir gar keine Gerechtigkeit, wir wollen das Gift in uns einfach nur loswerden, unseren inneren Frieden wiederhaben. Das ist der Grund, warum wir Menschen immer auf der Jagd nach Macht sind, denn je mächtiger wir sind, desto leichter ist es, das Gift in unserem Inneren auf diejenigen abzuwälzen, die sich nicht verteidigen können.

Natürlich sprechen wir hier von Beziehungen, wie sie in der Hölle üblich sind. Wir sprechen über die geistige Krankheit, die auf diesem Planeten existiert. Es gibt niemanden, dem man für diese Krankheit die Schuld in die Schuhe schieben kann; dies ist weder gut noch schlecht, weder richtig noch falsch, sondern einfach die normale Pathologie dieser Krankheit. Niemanden trifft die Schuld an diesem Zustand. Genauso, wie die Menschen auf jenem imaginären Planeten keine Schuld an der Erkrankung ihrer Haut haben, tragen Sie keine Schuld daran, dass Sie mit Gift infizierte Wunden haben. Wenn Sie physisch krank oder verletzt sind, geben Sie sich nicht die Schuld an diesem Zustand. Warum sollten Sie sich also wegen der Erkrankung Ihres emotionalen Körpers schuldig fühlen?

Wichtig ist, dass wir uns dieses Problems bewusst werden. Wenn wir uns dessen bewusst sind, haben wir die Gelegenheit, unseren emotionalen Körper, unseren emotionalen Geist zu heilen und das Leiden zu beenden. Ohne dieses Bewusstsein gibt es nichts, was wir tun können. Dann bleibt uns nur, weiterhin unter der Interaktion mit anderen Menschen zu leiden; doch nicht nur mit anderen Menschen, sondern auch mit uns selbst, da wir immer wieder unsere eigenen Wunden berühren, nur um uns zu bestrafen.

In unserem Kopf erschaffen wir jenen Teil von uns, der ständig urteilt. Dieser Richter urteilt über alles, was wir tun, alles, was wir nicht tun, alles, was wir fühlen, und alles, was wir nicht fühlen. Ununterbrochen sind wir damit beschäftigt, uns selbst zu verurteilen, basierend auf dem, was wir glauben, und auf dem Gefühl für Gerechtigkeit und Ungerechtigkeit. Wir fühlen uns schuldig und daher meinen wir, wir müssten bestraft werden. Der andere Teil unseres Geistes, der das Urteil annimmt und die Notwendigkeit verspürt, bestraft zu werden, ist das Opfer. Dieser Teil von uns sagt: »Armes Ich. Ich bin nicht gut genug, ich bin nicht stark genug, ich bin nicht intelligent genug. Warum sollte ich es überhaupt versuchen?«

Als Kind hatten Sie nicht die Möglichkeit zu wählen, was Sie glauben sollten und was nicht. Der Richter und das Opfer haben ihren Ursprung in all den falschen Glaubenssätzen, die Sie nicht freiwillig gewählt haben. Als Ihr Geist diese Information aufnahm, waren Sie unschuldig. Sie glaubten alles. Das Glaubenssystem wurde Ihnen vom Traum der Außenwelt wie ein Programm aufoktroyiert. Die Tolteken sprechen in diesem Fall von *Parasiten*. Der menschliche Geist ist krank, weil er von einem Parasiten befallen ist, der ihm seine Lebenskraft nimmt und ihn der Freude beraubt. Der Parasit besteht aus all jenen Glaubenssätzen, die Ihnen Leiden verursachen. Diese Glaubenssätze sind so stark, dass Sie sogar Jahre später, wenn Sie neue Konzepte erlernt haben und versuchen, Ihre eigenen Entscheidungen zu treffen, feststellen müssen, dass sie noch immer Ihr Leben kontrollieren.

Manchmal kommt das kleine Kind in Ihnen zum Vorschein – Ihr wahres Wesen, das nach wie vor ungefähr zwei bis drei Jahre alt ist. Dann leben Sie im Augenblick und freuen sich. Doch irgendetwas versucht, Sie zurückzuhalten; etwas in Ihrem Inneren fühlt sich unwürdig, so viel Freude zu empfinden. Eine innere Stimme sagt Ihnen, Ihre Fröhlichkeit sei zu gut, um wahr zu sein, es sei nicht richtig, glücklich zu sein. All die Schuld, all die Vorwürfe, all das Gift in Ihrem emotionalen Körper zieht Sie zurück in die Welt der Dramen.

Der Parasit überträgt sich wie eine Krankheit von unseren Großeltern auf unsere Eltern und auf uns selbst, bis wir ihn schließlich an unsere Kinder weitergeben. Wir trichtern unseren Kindern all diese Programme auf die gleiche Weise ein, wie wir einen Hund abrichten würden. Menschen sind domestizierte Tiere und diese Domestizierung stößt uns in den Traum der Hölle, wo wir in einem Zustand der Angst leben. Die Nahrung für den Parasiten sind die Emotionen, die auf dieser Angst basieren. Bevor wir mit dem Parasiten infiziert sind, genießen wir das Leben, wir spielen, wir sind glücklich wie kleine Kinder. Doch danach wird unser Geist mit all diesem Müll überschwemmt und wir sind nicht mehr länger glücklich. Wir lernen, Recht zu haben und zu glauben, dass jeder andere Unrecht hat. Das Bedürfnis, »Recht« zu haben, ist das Ergebnis des Versuches, das Image zu schützen, das wir der Außenwelt präsentieren wollen. Wir haben das Bedürfnis, der Welt unsere Denkweise aufzuzwingen, nicht nur anderen Menschen, sondern sogar uns selbst.

Wenn wir uns all dessen bewusst sind, können wir ohne Schwierigkeiten verstehen, warum Beziehungen nicht funktionieren – weder die mit unseren Eltern, mit unseren Kindern, mit unseren Freunden, mit unserem Partner noch die mit uns selbst. Warum funktioniert die Beziehung mit uns selbst nicht? Weil wir verwundet sind und all dieses emotionale Gift in uns tragen, mit dem wir kaum umgehen können. Wir sind angefüllt mit Gift, weil wir mit einem Image der *Perfektion* aufgewachsen sind, das nicht der Wahrheit entspricht, das nicht wirklich existiert und das unser Geist als ungerecht empfindet.

Wir haben gesehen, wie wir dieses Image der Perfektion erschaffen, um anderen Menschen zu gefallen, wobei sie wiederum ihren eigenen Traum erschaffen, der nichts mit uns zu tun hat. Wir versuchen, Mama und Papa zu gefallen, unseren Lehrern, unserer Religion und Gott. Doch die Wahrheit ist, dass wir von ihrem Gesichtspunkt aus betrachtet nie perfekt sein werden. Dieses Image der Perfektion sagt uns, wie wir sein sollten, um als gut zu gelten und uns selbst zu akzeptieren. Doch machen Sie sich klar: Dies ist die größte Lüge, die wir über uns selbst glauben, weil wir *nie* perfekt sein werden. Und gleichzeitig schließt es aus, dass wir uns selbst dafür vergeben, nicht perfekt zu sein.

Dieses Image von Perfektion verändert die Art und Weise, wie wir träumen. Wir lernen, uns selbst zu verneinen und abzulehnen. Wir sind nie gut genug oder richtig genug oder rein genug oder gesund genug, gemessen an all den Glaubenssätzen, die wir haben. Es gibt immer *irgendetwas*, das der Richter niemals akzeptieren oder verzeihen kann. Das ist der Grund, warum wir unsere eigene Menschlichkeit ablehnen; das ist der Grund, warum wir nie verdienen, glücklich zu sein; das ist der Grund, warum wir nach jemandem suchen, der uns schlecht behandelt, jemandem, der uns bestrafen wird. Aufgrund dieses unmöglichen Images der Perfektion üben wir in ungeheuer hohem Maß Selbstmissbrauch aus.

Wenn wir uns selbst ablehnen und verurteilen, wenn wir uns selbst schuldig sprechen und uns so hart bestrafen, hat es den Anschein, als gäbe es überhaupt keine Liebe. Es sieht so aus, als gäbe es nur Bestrafung, nur Leiden, nur Verurteilung auf dieser Welt. Die Hölle hat viele verschiedene Ebenen. Manche Menschen befinden sich sehr tief in der Hölle, während andere kaum unter ihr leiden, sich aber dennoch in ihr befinden. Es gibt sehr negative Beziehungen in der Hölle, in der die Partner einander Gewalt antun, und es gibt Beziehungen, die im Großen und Ganzen gut funktionieren und in denen kaum Missbrauch stattfindet.

Sie sind kein Kind mehr, und wenn Sie sich in einer für Sie schädlichen Beziehung befinden, liegt das daran, dass Sie die Gewalt akzeptieren, da Sie glauben, sie verdient zu haben. Sie haben eine Grenze, bis zu der Sie Gewalt akzeptieren, doch niemand auf der Welt wird Sie jemals *stärker* missbrauchen, als

Sie sich selbst missbrauchen. Die Grenze Ihres Selbstmissbrauchs ist das Limit des Missbrauchs, den Sie von anderen Menschen tolerieren werden. Wenn jemand Sie noch schlechter behandelt, als Sie sich selbst behandeln, werden Sie die Beziehung beenden, weglaufen, flüchten. Doch wenn jemand Sie nur ein bisschen weniger missbraucht, als Sie sich selbst missbrauchen, bleiben Sie vielleicht ein wenig länger in der Beziehung. Dann verdienen Sie diesen Missbrauch noch immer.

In der Hölle hängen Missbrauch und Gewalt in einer normalen Beziehung meist mit Bezahlung für eine Ungerechtigkeit zusammen; das hat etwas mit Heimzahlen zu tun. Ich behandele dich auf die Weise schlecht, die du brauchst, und du behandelst mich auf die Art schlecht, die ich brauche. Hier haben wir ein gutes Gleichgewicht, es funktioniert. Natürlich zieht Energie die gleiche Art von Energie an, die gleiche Schwingung. Wenn jemand zu Ihnen sagt: »Oh, ich werde so schlecht behandelt« und Sie fragen: »Warum bleiben Sie dann?«, kann derjenige Ihnen nicht einmal den Grund sagen. Die Wahrheit ist, er braucht diese Art der Behandlung, denn das ist die Art und Weise, in der er sich selbst bestraft.

Das Leben gibt Ihnen genau das, was Sie brauchen. In der Hölle gibt es eine perfekte Gerechtigkeit. Es gibt niemanden, dem man Vorwürfe machen könnte. Wir können sogar sagen, dass unser Leiden ein Geschenk ist. Sie müssen nur die Augen öffnen und sehen, was um Sie herum geschieht, um sich vom Gift in Ihrem Inneren zu befreien, Ihre Wunden zu heilen, sich selbst zu akzeptieren und der Hölle zu entkommen.

3

Der Mann, der nicht an die Liebe glaubte

Ich möchte Ihnen eine sehr alte Geschichte über den Mann erzählen, der nicht an die Liebe glaubte. Er war ein ganz normaler Mann, genau wie Sie und ich, doch was diesen Mann besonders machte, war seine Denkweise. Er dachte, dass *Liebe nicht existiert*. Natürlich hatte er viel Erfahrung in dem Versuch, Liebe zu finden, und er hatte die Menschen in seiner Umgebung beobachtet. Einen großen Teil seines

Lebens hatte er mit der Suche nach Liebe verbracht, nur um zu dem Schluss zu kommen, dass Liebe nicht existiert.

Wo immer dieser Mann hinging, erzählte er den Menschen, dass die Liebe nichts anderes ist als eine Erfindung der Dichter und Poeten, eine Erfindung der Religionen, um den schwachen Geist der Menschen zu manipulieren, um Kontrolle über die Menschen zu erlangen und sie zu Gläubigen zu machen. Er sagte, dass die Liebe nicht wirklich existiere und dass dies der Grund sei, warum kein Mensch jemals Liebe finden könne, selbst wenn er danach suche.

Dieser Mann war von hoher Intelligenz und sehr überzeugend. Er hatte viele Bücher gelesen, hatte die besten Universitäten besucht und war ein angesehener Gelehrter geworden. Er konnte jederzeit eine öffentliche Rede halten, vor jedem erdenklichen Publikum, und seine Logik war absolut einleuchtend. Er sagte, dass Liebe genau wie eine Droge ist, dass sie ein Hochgefühl vermittelt und gleichzeitig ein starkes Bedürfnis nach sich selbst entstehen lässt. Sie können äußerst süchtig nach Liebe werden, doch was passiert, wenn Sie nicht Ihre tägliche Dosis Liebe bekommen? Genau wie bei einer Droge, brauchen Sie dann jeden Tag eine bestimmte Dosis.

Er sagte oft, dass die meisten Beziehungen zwischen Liebenden mit der Beziehung zwischen einem

Drogensüchtigen und demjenigen vergleichbar sind, der die Droge bereitstellt. Derjenige, der das größere Bedürfnis danach hat, ist dem Drogensüchtigen vergleichbar. Derjenige, dessen Bedürfnis geringer ist, spielt die Rolle dessen, der die Droge zur Verfügung stellt. Er ist derjenige, der die Beziehung beherrscht. Sie können diese Dynamik deutlich erkennen, da es normalerweise in jeder Beziehung einen Partner gibt, der mehr liebt, und einen, der nicht oder weniger liebt und nur den denjenigen ausnutzt, der sein Herz herschenkt. Sie können sehen, auf welche Art die beiden einander manipulieren, ihre Aktionen und Reaktionen, und sie verhalten sich genauso wie der Drogendealer und der Drogensüchtige.

Der Drogensüchtige, derjenige, der das größere Bedürfnis hat, lebt in ständiger Angst davor, dass er vielleicht nicht in der Lage sein wird, die nächste Dosis Liebe, also die Droge, zu bekommen. Er denkt: »Was mache ich nur, wenn sie mich verlässt?« Diese Angst macht den Drogensüchtigen sehr besitzergreifend. »Das gehört mir!« Er wird eifersüchtig und fordernd, weil er Angst davor hat, nicht die nächste Dosis zu bekommen. Der Versorger kann denjenigen, der die Droge braucht, kontrollieren und manipulieren, indem er ihm eine größere oder kleinere Dosis gibt, oder auch gar keine. Derjenige mit dem größeren Bedürfnis ordnet sich vollständig unter und wird alles tun, was er kann, um zu verhindern, dass er verlassen wird.

Der Mann fuhr fort, allen zu erklären, warum Liebe nicht existiert. »Was die Menschen ›Liebe‹ nennen, ist nichts als eine Angstbeziehung, die auf Kontrolle basiert. Wo ist der Respekt voreinander? Wo ist die Liebe, die sie zu verspüren behaupten? Diese Liebe existiert nicht. Junge Paare, die vor den Vertretern Gottes auf Erden stehen, vor ihren Familien und Freunden, geben sich gegenseitig eine Menge Versprechungen: für immer zusammenzuleben, einander zu lieben und zu respektieren, füreinander da zu sein, in guten wie in schlechten Zeiten. Sie schwören, einander zu lieben und zu ehren, und machen ein Versprechen nach dem anderen. Das Erstaunliche daran ist, dass sie diese Versprechen wirklich glauben. Doch nach der Hochzeit – eine Woche später, einen Monat später, ein paar Monate später – kann man sehen, dass keines dieser Versprechen eingehalten wird.

»Was man finden wird, ist ein Krieg um die Macht, darum, wer wen manipuliert. Wer wird der Versorger und wer wird der Süchtige sein? Man wird feststellen, dass der Respekt, den sie einander geschworen haben, nach ein paar Monaten verschwunden ist. Man kann die Ablehnung spüren, das emotionale Gift; wie sie einander wehtun, langsam aber sicher, und wie dieser Schmerz wächst, bis sie nicht mehr wissen, wann die Liebe aufgehört hat. Sie bleiben zusammen, weil sie Angst davor haben, alleine zu sein, Angst vor der Meinung anderer und davor, verurteilt zu werden, und auch Angst vor ihren eigenen Urteilen und Meinungen. Doch wo ist die Liebe?«

Der Mann behauptete, dass er viele alte Paare gesehen hatte, die dreißig, vierzig, fünfzig Jahre zusammengelebt hatten und stolz darauf waren. Doch wenn sie über ihre Beziehung sprachen, sagten sie in der Regel: »Wir haben die Ehe überlebt.« Das heißt, dass einer von ihnen sich dem anderen untergeordnet hatte. Zu einem bestimmten Zeitpunkt hatten sie aufgegeben und beschlossen, das Leiden zu ertragen. Derjenige mit dem stärkeren Willen und geringerem Bedürfnis hatte den Krieg gewonnen, doch wo ist die Flamme, die sie Liebe nennen? Sie behandeln einander wie einen Besitz: »Sie ist mein.« »Er ist mein.«

Der Mann sprach immer weiter über all die Gründe, warum er glaubte, dass Liebe nicht existiert, und er sagte den anderen: »Ich habe alle diese Sachen bereits selbst erlebt. Ich werde nie mehr jemandem erlauben, im Namen der Liebe meinen Geist zu manipulieren und mein Leben zu beherrschen.« Seine Argumente waren sehr einleuchtend, und mit seinen Worten überzeugte er viele Menschen: *Es gibt keine Liebe.*

Dann ging dieser Mann eines Tages durch einen Park, und auf einer Bank saß eine wunderschöne Frau, die weinte. Als er ihre Tränen sah, überkam ihn die Neugier. Er setzte sich neben sie und fragte, ob er ihr helfen könne und warum sie weine. Sie können sich seine Überraschung vorstellen, als sie sagte, dass sie weinte, weil es in Wahrheit keine Liebe gebe. »Das ist erstaunlich – eine Frau, die glaubt, dass Liebe nicht existiert!« Natürlich wollte er mehr über sie erfahren.

»Warum sagen Sie, dass es keine Liebe gibt?«, fragte er.

»Nun, das ist eine lange Geschichte«, antwortete sie. »Ich habe geheiratet, als ich noch sehr jung war, mit all der Liebe, all diesen Illusionen, voller Hoffnung, dass ich mein Leben mit diesem Mann verbringen würde. Wir schworen einander treu zu sein, uns Respekt und Ehre entgegenzubringen, und wir gründeten eine Familie. Doch bald veränderte sich alles. Ich war die hingebungsvolle Ehefrau, die die Kinder und den Haushalt versorgte. Mein Mann fuhr fort, sich seiner Karriere zu widmen, und sein Erfolg und Image in der Außenwelt waren ihm wichtiger als unsere Familie. Er verlor seinen Respekt vor mir und ich verlor meinen Respekt vor ihm. Wir verletzten einander, und dann kam der Moment, wo ich entdeckte, dass ich ihn nicht liebte, und er mich auch nicht.

»Aber die Kinder brauchten einen Vater und das war meine Entschuldigung, in der Beziehung zu bleiben und alles zu tun, was mir möglich war, um ihn zu unterstützen. Heute sind die Kinder erwachsen und haben das Haus verlassen. Jetzt habe ich keine Entschuldigung mehr, bei ihm zu bleiben. Zwischen uns gibt es keinen Respekt, keine Herzlichkeit. Ich weiß, dass es selbst dann, wenn ich einen anderen Mann finde, das Gleiche sein wird, weil die Liebe nicht existiert. Es ist sinnlos, nach etwas zu suchen, das es nicht gibt. Das ist der Grund, warum ich weine.«

Da er die Frau sehr gut verstand, nahm er sie in die Arme und sagte: »Sie haben Recht, Liebe existiert nicht. Wir suchen nach Liebe, wir öffnen unser Herz und wir werden verletzbar, nur um Egoismus und Selbstsucht zu finden. Das tut uns weh, auch wenn wir glauben, dass es uns nichts anhaben kann. Es spielt keine Rolle, wie viele Beziehungen wir haben, es passiert wieder und wieder dasselbe. Warum also noch länger nach der Liebe suchen?«

Sie waren einander so ähnlich und sie wurden die besten Freunde, die man sich vorstellen kann. Es war eine wunderbare Beziehung. Sie respektierten einander und nie machte einer den anderen schlecht. Mit jedem Schritt, den sie gemeinsam unternahmen, wuchs ihr Glück. Es gab weder Neid noch Eifersucht, keine Kontrollversuche, keinerlei Besitzergreifung. Die Beziehung wurde immer besser. Sie liebten es, zusammen zu sein, denn sie hatten viel Spaß miteinander. Wenn sie nicht zusammen waren, vermissten sie einander.

Eines Tages, als der Mann auf Reisen war, kam ihm ein verrückter Gedanke. Er dachte: »Hmm, vielleicht ist es Liebe, was ich für sie empfinde. Doch dieses Gefühl ist so anders als alles, was ich je zuvor empfunden habe. Es ist nicht so, wie die Dichter es beschreiben, es ist nicht so, wie die Religion behauptet, denn ich bin nicht für sie verantwortlich. Ich nehme ihr nichts weg. Ich verspüre nicht das Bedürfnis, ihr die Schuld an meinen Problemen zu geben oder sie mit meinen Dramen zu belästigen. Wir haben so viel Spaß miteinander, wir genießen die Gegenwart des anderen. Ich respektiere die Art, wie sie denkt, die Art, wie sie fühlt. Sie bringt mich nicht in Verlegenheit, sie stört mich nicht im Geringsten. Ich verspüre keine Eifersucht, wenn sie mit anderen Menschen zusammen ist, ich verspüre keinen Neid, wenn sie erfolgreich ist. Vielleicht existiert die Liebe wirklich, doch ist sie ganz anders, als jeder glaubt.«

Er konnte es kaum erwarten, nach Hause zurückzugehen und ihr von seinem verrückten Gedanken zu erzählen. Sobald er zu sprechen anfing, sagte sie: »Ich weiß genau, was du meinst. Ich habe schon vor einiger Zeit den gleichen Gedanken gehabt, doch wollte ich dir nichts davon erzählen, weil ich weiß, dass du nicht an die Liebe glaubst. Vielleicht gibt es die Liebe wirklich, doch ist sie nicht so, wie wir sie uns vorgestellt haben.« Sie beschlossen, Liebende zu werden und zusammenzuleben, und es war erstaunlich, dass sich an ihrer Beziehung nichts änderte. Sie respektierten einander nach wie vor, sie unterstützten einander weiterhin, und die Liebe wuchs immer mehr. Selbst die einfachsten Dinge ließen ihre Herzen vor Freude jubeln, weil sie so glücklich waren.

Das Herz des Mannes war so sehr von der Liebe erfüllt, die er empfand, dass eines Nachts ein großes Wunder geschah. Er schaute zu den Sternen empor und fand den schönsten von allen, und seine Liebe war so groß, dass der Stern vom Himmel herunterkam und kurz danach in seinen Händen lag. Dann geschah ein zweites Wunder: Seine Seele verschmolz mit diesem Stern. Er war überaus glücklich und konnte es kaum erwarten, zu der Frau zu gehen und ihr den Stern zu überreichen, um ihr seine Liebe zu beweisen. Doch sobald er ihr den Stern übergeben hatte, spürte sie einen Moment des Zweifels. Seine Liebe war zu überwältigend, und in diesem Augenblick fiel ihr der Stern aus den Händen und zerbrach in Millionen kleiner Stücke.

Heute geht ein alter Mann durch die Welt, der

schwört, dass die Liebe nicht existiert. Und es gibt eine schöne alte Frau, die zu Hause auf einen Mann wartet und eine Träne um das Paradies vergießt, das sie einst in ihren Händen gehalten, doch in einem Moment des Zweifels fallen gelassen hat. Dies ist die Geschichte des Mannes, der nicht an die Liebe glaubte.

Wer von den beiden beging den Fehler? Möchten Sie raten, was falsch gelaufen ist? Der Fehler lag auf Seiten des Mannes, der dachte, er könnte der Frau sein Glück geben. Der Stern war sein Glück, und sein Fehler bestand darin, dieses Glück in die Hände der Frau zu legen. Glück kommt nie von außen. Er war glücklich aufgrund der Liebe, die aus seinem Herzen strömte; sie war glücklich aufgrund der Liebe, die aus ihrem Herzen strömte. Doch sobald er sie für sein Glück verantwortlich machte, zerbrach sie den Stern, da sie nicht für sein Glück verantwortlich sein konnte.

Unabhängig davon, wie sehr die Frau ihn liebte, hätte sie ihn nie glücklich machen können, da sie nie wissen konnte, was in seinem Kopf vorging. Es war ihr unmöglich zu wissen, was er erwartete, da sie seine Träume nicht kennen konnte.

Wenn Sie Ihr Glück nehmen und es in die Hände eines anderen Menschen legen, wird er es früher oder später zerbrechen. Wenn Sie Ihr Glück einem anderen geben, kann dieser es Ihnen jederzeit weg-nehmen. Da also Glück nur aus Ihrem eigenen Inne-ren kommen kann und das Ergebnis Ihrer Liebe ist, sind Sie allein dafür verantwortlich. Wir können nie einen anderen Menschen für unser eigenes Glück verantwortlich machen, doch wenn wir in die Kir-che gehen, um uns zu vermählen, tauschen wir als Erstes Ringe aus. Wir legen jeweils unseren Stern in die Hände des anderen in der Erwartung, dass er uns glücklich macht und wir ihn. Es spielt keine Rolle, wie sehr Sie jemanden lieben – Sie werden nie so sein, wie Ihr Partner es sich wünscht.

Das ist der Fehler, den die meisten Menschen gleich am Anfang begehen. Wir machen unser Glück von unserem Partner abhängig, doch das funktioniert nicht. Wir geben alle diese Versprechen, die wir nicht halten können, und programmieren damit unser Ver-sagen.

4

Der Weg der Liebe,
der Weg der Angst

IHR GANZES LEBEN IST NICHTS ALS EIN TRAUM. Sie leben in einer Fantasiewelt, in der alles, was Sie über sich selbst wissen, nur für Sie wahr ist. Ihre Wahrheit ist nicht die Wahrheit der anderen, das schließt Ihre eigenen Kinder oder Ihre Eltern mit ein. Schauen Sie sich nur einmal an, was Sie über sich selbst glauben und was Ihre Mutter über Sie glaubt. Sie kann sagen, dass sie Sie sehr gut kennt, doch hat sie

71

keine Ahnung, wer Sie wirklich sind. Sie wissen, dass Sie es nicht weiß. Sie mögen glauben, dass Sie Ihre Mutter genau kennen, doch haben Sie keine Ahnung, wer sie wirklich ist. Sie hat alle diese Fantasien im Kopf, die sie nie mit jemandem geteilt hat. Sie haben nicht die geringste Ahnung, was in ihrem Geist vorgeht.

Wenn Sie Ihr eigenes Leben betrachten und sich zu erinnern versuchen, was Sie getan haben, als Sie elf oder zwölf Jahre alt waren, werden Sie sich kaum an mehr als fünf Prozent Ihres Lebens erinnern. Natürlich werden Ihnen die wichtigsten Dinge einfallen, wie zum Beispiel Ihr Name, da Sie ihn ständig wiederholen. Doch zuweilen kommt es vor, dass Sie die Namen Ihrer eigenen Kinder vergessen oder die Ihrer Freunde. Das liegt daran, dass das Leben aus Träumen besteht – viele kleine Träume, die sich ständig verändern. Träume haben eine Tendenz, sich aufzulösen, und das ist der Grund, warum wir so leicht vergessen.

Jeder Mensch hat einen persönlichen Lebenstraum und dieser Traum unterscheidet sich völlig von dem jedes anderen Menschen. Wir träumen entsprechend all der Glaubenssätze, die wir übernommen haben, und wir modifizieren unseren Traum entsprechend der Art, wie wir andere und uns selbst verurteilen, und der Art, wie wir uns ungerecht behandelt fühlen. Aus diesem Grund ist ein Traum nie dasselbe für zwei verschiedene Menschen. In einer Beziehung können wir so tun, als wären wir identisch, als würden wir das Gleiche denken, das Gleiche fühlen, das Gleiche träumen, doch ist es ausgeschlossen, dass dies jemals passiert. Es sind immer zwei Träumer mit zwei verschiedenen Träumen. Jeder Träumer wird auf seine eigene Weise träumen. Daher müssen wir die Unterschiede akzeptieren, die zwischen zwei Träumern bestehen. Wir müssen den Traum des anderen *respektieren*.

Wir können tausende von Beziehungen gleichzeitig haben, doch jede Beziehung besteht immer nur zwischen zwei Personen und nicht mehr. Ich habe mit jedem meiner Freunde eine Beziehung und sie besteht jeweils nur zwischen uns beiden.

Ich habe mit jedem meiner Kinder eine Beziehung und jede einzelne dieser Beziehungen unterscheidet sich völlig von den anderen. Entsprechend der Art, wie die zwei in einer Beziehung befindlichen Personen träumen, bestimmen sie die Richtung dieses Traums, den wir *Beziehung* nennen. Jede Beziehung, die wir haben – mit unserer Mutter, unserem Vater, mit unseren Brüdern, Schwestern und mit unseren Freunden –, ist einzigartig, da wir jeweils einen kleinen Traum gemeinsam träumen. Jede Beziehung wird zu einem lebendigen Wesen, von den zwei Träumern erschaffen.

Ebenso wie Ihr Körper aus Zellen gemacht ist, entsteht Ihr Traum aus Emotionen. Es gibt zwei hauptsächliche Quellen für diese Empfindungen. Die eine ist Angst mit all den Emotionen, die der Angst entspringen; die andere ist Liebe mit all den Empfindungen, die der Liebe entspringen. Wir erleben beide Emotionen, doch in den meisten Menschen überwiegen die Gefühle der Angst. Wir können sagen, dass die normale Art von Beziehung in dieser Welt zu 95 Prozent auf Angst und zu 5 Prozent auf Liebe aufgebaut ist. Natürlich kann sich dies aufgrund der Entwicklung der Menschen ändern, doch selbst wenn das Verhältnis von Angst zu Liebe 60 zu 40 ist, basiert die Beziehung nach wie vor auf Angst.

Um diese Emotionen zu verstehen, können wir bestimmte Charakteristika von Liebe und Angst beschreiben, die ich den »Weg der Liebe« und den »Weg der Angst« nenne. Diese beiden Wege sind lediglich Anhaltspunkte, um zu sehen, wie wir unser Leben leben. Es sind Unterteilungen, die dem logischen Verstand helfen zu verstehen, und mit denen wir ein wenig Kontrolle über die Entscheidungen, die wir treffen, gewinnen können. Lassen Sie uns einige der Eigenschaften von Liebe und Angst betrachten.

Liebe kennt keine Verpflichtungen. Angst ist voller Verpflichtungen. Auf dem Weg der Angst tun wir alles, was wir tun, weil wir es *müssen*, und wir erwarten von anderen Menschen, dass sie ihrerseits etwas tun, weil sie es *müssen*. Wir haben eine Verpflichtung, und sobald wir sie in die Tat umsetzen *müssen*, sträuben wir uns. Je mehr Widerstand wir leisten, desto mehr leiden wir. Früher oder später versuchen wir, unseren Verpflichtungen zu entkommen. Liebe andererseits kennt keinen Widerstand. Was immer wir tun, geschieht, weil wir es *wollen*. Es wird zu einem Vergnügen. Es ist wie ein Spiel und wir haben Freude daran.

Liebe kennt keine Erwartungen. Angst ist voller Erwartungen. Aus Angst tun wir Dinge, weil wir davon ausgehen, dass wir sie tun müssen, und wir erwarten, dass andere das Gleiche tun. Das ist der Grund, warum Angst wehtut und Liebe nicht. Wir erwarten etwas, und wenn es nicht eintritt, fühlen wir uns verletzt – es ist nicht gerecht. Wir machen anderen Vorwürfe, weil sie unsere Erwartungen nicht erfüllen. Wenn wir lieben, haben wir keine Erwartungen; wir handeln, weil wir es wollen, und wenn andere Menschen ebenso handeln oder nicht, dann liegt das daran, dass sie es wollen oder eben nicht, und es ist nicht persönlich gemeint. Wenn wir nicht erwarten, dass etwas Bestimmtes passiert, dann ist es unwichtig, ob es passiert oder nicht. Wir fühlen uns nicht verletzt, weil alles, was geschieht, okay ist. Aus diesem Grund kann uns kaum etwas verletzen, wenn wir jemanden lieben. Wir erwarten nicht, dass der geliebte Mensch etwas Bestimmtes tut, und wir sind keinerlei Verpflichtungen eingegangen.

Liebe beruht auf Respekt. Angst hat vor nichts Respekt, auch nicht vor sich selbst. Wenn Sie mir Leid tun, bedeutet das, dass ich Sie nicht respektiere. Sie sind nicht in der Lage, Ihre eigenen Entscheidungen zu treffen. Sobald ich das Gefühl habe, für Sie Entscheidungen treffen zu müssen, respektiere ich Sie nicht mehr. Wenn ich Sie nicht respektiere, versuche ich, Sie zu kontrollieren. In den meisten Fällen, wenn wir unseren Kindern sagen, wie sie ihr Leben führen sollen, beruht das darauf, dass wir sie nicht respektieren. Sie tun uns Leid und wir versuchen, die Dinge für sie zu tun, die sie für sich selbst tun sollten. Wenn ich mich nicht respektiere, tue ich mir selbst Leid, habe ich das Gefühl, nicht gut genug zu sein, um es in dieser Welt zu etwas zu bringen. Wie können Sie wissen, wann Sie sich nicht selbst respektieren? Wenn Sie sagen: »Armes Ich. Ich bin nicht stark genug, ich bin nicht intelligent genug, ich bin nicht schön genug, ich kann es nicht schaffen.« Selbstmitleid hat seine Ursache in einem Mangel an Respekt.

Liebe ist erbarmungslos. Niemand tut ihr Leid, doch sie hat Mitgefühl. Angst ist voller Mitleid. Jeder tut ihr Leid. Ich tue Ihnen Leid, wenn Sie mich nicht respektieren, wenn Sie nicht glauben, dass ich stark genug bin, um es schaffen zu können. Liebe andererseits respektiert: Ich liebe dich. Ich weiß, du kannst es schaffen. Ich weiß, dass du stark genug bist, intelligent genug, gut genug, dass du deine eigenen Entscheidungen treffen kannst. Ich muss deine Entscheidungen nicht für dich treffen. Du bist stark genug. Wenn du strauchelst, kann ich dir meine Hand reichen, ich kann dir helfen aufzustehen. Ich kann sagen: ›Du kannst es schaffen, versuch es.‹ Das ist Mitgefühl, doch es ist nicht das gleiche wie Mitleid. Mitgefühl basiert auf Respekt und auf Liebe; Mitleid hat seinen Ursprung in einem Mangel an Respekt und in der Angst.

Liebe ist vollkommen verantwortungsvoll. Angst vermeidet Verantwortung, was jedoch nicht bedeutet, dass sie nicht verantwortungsvoll ist. Der Versuch, Verantwortung aus dem Weg zu gehen, ist einer der größten Fehler, die wir begehen, da jede Aktion Konsequenzen hat. Wenn wir eine Wahl treffen, führt das zu einem Ergebnis oder einer Reaktion. Wenn wir keine Wahl treffen, führt auch das zu einem Ergebnis oder einer Reaktion. Wir werden in jedem Fall auf die eine oder andere Weise die Konsequenzen unserer Aktionen tragen müssen. Das ist der Grund, warum jeder Mensch voll und ganz für seine Handlungen verantwortlich ist, selbst wenn er es lieber nicht wäre. Andere Menschen können versuchen, für Ihre Fehler zu bezahlen, doch Sie werden für Ihre Fehler in jedem Fall selbst zahlen müssen, und dann wird der Preis doppelt so hoch sein. Wenn andere versuchen, die Verantwortung für Ihre Aktionen zu übernehmen, entsteht nur ein umso größeres Drama.

Liebe ist immer gütig. Angst ist immer lieblos. Wenn wir in Angst leben, haben wir viele Verpflichtungen, viele Erwartungen, keinen Respekt. Wir vermeiden, Verantwortung zu übernehmen, und tun uns selbst Leid. Wie können wir uns wohl fühlen, wenn wir unter so großer Angst leiden? Wir fühlen uns von allem und jedem ungerecht behandelt. Wir sind wütend, traurig, eifersüchtig oder glauben, hintergangen und betrogen zu werden.

Wut ist nichts anderes als maskierte Angst. Traurigkeit ist maskierte Angst. Eifersucht ist maskierte Angst. Mit all diesen Emotionen, die auf Angst beruhen und Leiden verursachen, können wir so tun, als seien wir liebevoll und freundlich. Doch wir sind nicht liebevoll, denn wir fühlen uns nicht wohl, wir sind nicht glücklich. Wenn Sie auf dem Weg der Liebe sind, dann haben Sie keinerlei Verpflichtungen, keine Erwartungen. Sie tun sich weder selbst Leid noch tut Ihnen Ihr Partner Leid. Alles läuft wunderbar für Sie und aus diesem Grund haben Sie immer ein Lächeln im Gesicht. Sie fühlen sich gut in Ihrem Inneren, und weil Sie glücklich sind, sind Sie liebevoll und freundlich. Liebe ist immer freundlich, und diese Freundlichkeit macht Sie großzügig und öffnet alle Türen. Liebe ist großzügig. Angst ist egoistisch – alles dreht sich immer nur um einen selbst. Egoismus verschließt alle Türen.

Liebe ist bedingungslos. Angst ist voller Bedingungen. Auf dem Weg der Angst liebe ich dich, *wenn* du zulässt, dass ich dich kontrolliere, *wenn* du gut zu mir bist, *wenn* du in das Bild passt, dass ich mir von dir mache. Ich erschaffe ein Bild davon, wie du sein solltest, doch da du diesem Bild nicht entsprichst und nie entsprechen wirst, verurteile ich dich deswegen und spreche dich schuldig. Oft schäme ich mich sogar wegen dir, weil du nicht bist, was ich von dir erwarte. Wenn du dem Bild nicht entsprichst, das ich erschaffe, dann ist mir das peinlich, du verärgerst mich, ich habe keinerlei Geduld mit dir. Ich tue nur so, als sei ich freundlich. Auf dem Weg der Liebe gibt es kein *Wenn*; es gibt keine Bedingungen. Ich liebe dich ohne irgendeinen Grund, ohne Rechtfertigung. Ich liebe dich so, wie du bist, und du bist frei, so zu sein, wie du bist. Wenn mir deine Art nicht gefällt, dann sollte ich lieber mit jemandem zusammen sein, der so ist, wie es mir gefällt. Wir haben nicht das Recht, einen anderen Menschen zu ändern, und niemand anders hat das

Recht, uns zu ändern. Wenn wir uns ändern, dann geschieht das, weil wir diese Veränderung wollen, weil wir nicht länger leiden wollen.

Die meisten Menschen verbringen ihr ganzes Leben auf dem Weg der Angst. Sie erhalten eine Beziehung aufrecht, weil sie glauben, sie *müssten* es. Sie haben eine Beziehung, in der sie an ihren Partner und sich selbst all diese Erwartungen stellen. All dieses Drama und Leiden entsteht, weil wir die Kommunikationskanäle benutzen, die schon existierten, bevor wir geboren wurden. Menschen verurteilen und werden zu Opfern, sie tratschen über andere, sie tratschen mit ihren Freunden, sie tratschen mit Fremden in der Kneipe. Sie sorgen dafür, dass ihre Familienmitglieder sich gegenseitig hassen. Sie sammeln emotionales Gift an und sie übertragen es auf ihre Kinder. »Schau dir deinen Vater an, was er mir angetan hat. Werde nicht wie dein Vater. Alle Männer sind gleich und alle Frauen sind gleich.« Das ist es, was wir mit den Menschen tun, die wir so sehr lieben – mit unseren eigenen Kindern, mit unseren Freunden, mit unseren Lebenspartnern.

Auf dem Weg der Angst stellen wir so viele Bedingungen, haben wir so viele Erwartungen und Verpflichtungen, dass wir eine Menge Regeln aufstellen, nur um uns gegen emotionale Schmerzen zu schützen. Doch in Wahrheit sollte es überhaupt keine Regeln geben. Diese Regeln beeinflussen die Qualität der Kommunikationskanäle zwischen uns, denn wenn wir Angst haben, lügen wir. Wenn Sie erwarten, dass ich mich auf eine bestimmte Art verhalten soll, dann empfinde ich die Verpflichtung, dies zu tun. Die Wahrheit ist, dass ich nicht so bin, wie Sie mich haben wollen. Wenn ich ehrlich der bin, der ich bin, fühlen Sie sich schon verletzt und sind wütend. Dann lüge ich Sie an, weil ich mich vor Ihrem Urteil fürchte. Ich habe Angst, dass Sie mir Vorwürfe machen werden, mich für schuldig befinden und mich bestrafen. Und jedes Mal, wenn Sie sich daran erinnern, dass ich nicht so bin, wie Sie es sich wünschen, bestrafen Sie mich erneut für den gleichen Fehler.

Auf dem Weg der Liebe gibt es Gerechtigkeit. Wenn Sie einen Fehler machen, zahlen Sie nur ein einziges Mal für diesen Fehler, und wenn Sie sich wirklich selbst lieben, dann lernen Sie aus dem Fehler. Auf dem Weg der Angst gibt es keine Gerechtigkeit. Sie sorgen dafür, dass Sie tausendmal für den gleichen Fehler zahlen. Dieses Verhalten schafft ein Gefühl der Ungerechtigkeit und verursacht viele emotionale Wunden. Auf diese Weise sorgen Sie natürlich unweigerlich dafür, dass Sie versagen werden. Die Menschen machen Dramen aus allem, selbst aus etwas ganz Einfachem und Unbedeutendem. In den normalen Beziehungen der Hölle sehen wir diese Dramen immer wieder, weil die Paare sich auf dem Weg der Angst befinden.

⚜

In jeder Beziehung gibt es zwei Hälften. Die eine Hälfte sind Sie, und die andere Hälfte ist Ihr Sohn, Ihre Tochter, Ihr Vater, Ihre Mutter, Ihre Freunde oder Ihr Lebenspartner. Sie sind nur für Ihre Hälfte verantwortlich, Sie sind nicht für die andere Hälfte verantwortlich. Es spielt keine Rolle, wie nahe Sie einander zu sein glauben oder wie sehr Sie den anderen zu lieben glauben. Es ist ausgeschlossen, dass Sie für das verantwortlich sein können, was im Kopf eines anderen Menschen vor sich geht. Sie können nie wirklich wissen, was ein anderer fühlt, was ein anderer glaubt, von welchen Voraussetzungen er ausgeht. Sie wissen nichts über diesen Menschen. Das ist die Wahrheit, doch was tun wir? Wir versuchen, für die andere Hälfte verantwortlich zu sein, und das ist der Grund, warum Beziehungen in der Hölle auf Angst basieren, auf Drama und auf dem Krieg um die Macht.

Wenn wir uns in einem Krieg um die Macht befinden, dann liegt das daran, dass wir keinen Respekt haben. Die Wahrheit ist, dass wir nicht lieben. Es ist Egoismus, nicht Liebe. Wir wollen nur die kleinen Dosierungen haben, die uns ein angenehmes Gefühl geben. Wenn wir keinen Respekt haben, dann gibt es einen Machtkrieg, weil jede Person sich für die andere verantwortlich fühlt. Ich muss dich beherrschen, weil ich dich nicht respektiere. Ich muss für dich verantwortlich sein, da alles, was dir passiert, mir wehtun wird, und ich möchte Schmerzen vermeiden. Ich werde dir ständig auf der Pelle sitzen und versuchen, dich verantwortlich zu machen, aber »verantwortlich« von meinem persönlichen Gesichtspunkt aus betrachtet. Das bedeutet nicht, dass ich Recht habe.

Das geschieht, wenn wir uns auf dem Weg der Angst befinden. Da es auf diesem Weg keinen Respekt gibt, handele ich, als wären Sie nicht gut genug oder intelligent genug, um sehen zu können, was gut ist für Sie und was nicht. Ich gehe von der Annahme aus, dass der andere nicht stark genug ist, bestimmte Situationen zu meistern und auf sich selbst Acht zu geben. Ich muss die Macht übernehmen und sage: »Lass mich das für dich tun.« Oder: »Tu das nicht.« Ich versuche, eine Hälfte der Beziehung zu unterdrücken und die Macht für die ganze Sache an mich zu reißen. Wenn ich die Macht über die ganze Beziehung übernehme, wo ist dann der Anteil des Partners? So funktioniert das nicht.

Wir können mit der anderen Hälfte teilen, wir können gemeinsam genießen, wir können den herrlichsten Traum miteinander erschaffen. Doch die andere

Hälfte hat immer auch ihren eigenen Traum, ihren eigenen Willen, und wir können niemals diesen Traum kontrollieren, egal wie sehr wir es versuchen. Wir haben eine Wahl: Wir können einen Konflikt und einen Kampf um die Macht heraufbeschwören, oder wir können ein Spielpartner und Teammitglied werden. Spielpartner und Mitglieder eines Teams spielen zusammen, jedoch nicht gegeneinander.

Wenn Sie in Ihrer Freizeit Tennis spielen, haben Sie einen Partner. Sie sind ein Team und Sie kämpfen nie gegeneinander – niemals. Selbst wenn Sie beide unterschiedlich Tennis spielen, haben Sie das gleiche Ziel: gemeinsam Spaß zu haben, zusammen zu spielen, Spielpartner zu sein. Wenn Sie einen Partner haben, der das Spiel kontrollieren will und der sagt: »Nein, spiel nicht so, spiel lieber so«, wird Ihnen das Ganze keinen Spaß machen. Irgendwann werden Sie schließlich nicht mehr mit diesem Partner spielen wollen. Anstatt ein Team zu sein, möchte Ihr Partner kontrollieren, wie Sie spielen. Und ohne das Konzept eines Teams werden Sie immer einen Konflikt haben. Wenn Sie Ihre Partnerschaft, Ihre Liebesbeziehung wie ein Team sehen, wird alles besser werden. Wie bei einem Spiel geht es bei einer Beziehung nicht um Gewinnen oder Verlieren. Sie spielen, weil Sie Spaß haben wollen.

Auf dem Weg der Liebe geben Sie mehr, als Sie

nehmen. Und natürlich lieben Sie sich selbst so sehr, dass Sie egoistischen Menschen nicht gestatten, Sie auszunutzen. Ihnen liegt nichts an Revanche, doch Sie teilen sich klar mit. Sie können sagen: »Ich mag es nicht, wenn du versuchst, mich auszunutzen, wenn du mich respektlos behandelst, wenn du mir gegenüber unfreundlich bist. Ich brauche niemanden, der mir verbal, emotional oder physisch Gewalt antut. Ich möchte nicht ständig deine Flüche hören müssen. Es ist nicht so, dass ich besser bin als du, es ist vielmehr so, dass ich Schönheit liebe. Ich liebe es zu lachen, ich liebe es, Spaß zu haben, ich liebe es, zu lieben. Es ist nicht so, dass ich egoistisch bin, aber ich brauche einfach kein armes Opfer in meiner Nähe. Es bedeutet auch nicht, dass ich dich nicht liebe, aber ich kann keine Verantwortung für deinen Traum übernehmen. Wenn du eine Beziehung mit mir haben willst, wird das sehr schwierig sein für deinen Parasiten, weil ich auf deinen Müll in keinster Weise reagieren werde.« Dies ist kein Egoismus, sondern Selbstliebe. Egoismus, Kontrolle und Angst werden früher oder später jede Beziehung zerstören. Großzügigkeit, Freiheit und Liebe werden hingegen zu der schönsten Beziehung führen: eine fortwährende Romanze.

Es liegt an Ihnen, ob Sie eine Beziehung meistern. Der erste Schritt besteht darin, sich darüber bewusst zu werden, dass jeder seinen eigenen Traum träumt. Wenn Sie dies erst einmal wissen, können Sie für Ihre Hälfte der Beziehung, also für sich selbst, die Verantwortung übernehmen. Wenn Ihnen bewusst ist, dass Sie nur für die halbe Beziehung verantwortlich sind, können sie ohne Schwierigkeiten Ihre Hälfte kontrollieren. Es ist nicht unsere Aufgabe, auch die andere Hälfte zu kontrollieren. Wenn wir Respekt haben, dann wissen wir, dass unser Partner, Freund, Sohn oder unsere Mutter vollkommen verantwortlich für seine oder ihre eigene Hälfte ist. Wenn wir die andere Hälfte respektieren, wird es in der Beziehung immer friedlich zugehen. Dann wird es keinen Kampf geben.

Wenn Sie wissen, was Liebe und was Angst ist, werden Sie sich der Art und Weise bewusst, wie Sie anderen Menschen Ihren Traum vermitteln. Die Qualität Ihrer Kommunikation hängt von der Entscheidung ab, die Sie in jedem Augenblick treffen – ob Sie Ihren emotionalen Körper auf Liebe oder auf Angst einstimmen. Wenn Sie feststellen, dass Sie sich auf dem Weg der Angst befinden, können Sie allein durch diese Erkenntnis Ihr Bewusstsein auf den Weg der Liebe führen. Allein indem Sie sehen, wo Sie sich befinden, allein dadurch, dass Sie Ihre Einstellung verändern, wird sich auch Ihre Umgebung verändern.

Wenn Ihnen schließlich bewusst ist, dass niemand anders Sie glücklich machen kann und dass Glück das Resultat der Liebe ist, die aus Ihrem Inneren kommt, haben Sie die größte Vollendung der Tolteken, die Vollendung in Liebe, erreicht.

Wir können über Liebe reden und tausend Bücher über sie schreiben, doch wird sie für jeden von uns völlig anders sein, da wir sie persönlich erfahren müssen. Liebe hat nichts mit Konzepten oder Ideen zu tun. Liebe hat mit Aktion zu tun. Und Liebe in Aktion kann nur Glück hervorbringen. Angst in Aktion kann nur Leiden hervorbringen.

Der einzige Weg, die Liebe zu meistern, ist der, sie zu praktizieren. Sie müssen Ihre Liebe nicht rechtfertigen. Sie müssen Ihre Liebe nicht erklären. Sie müssen sie einfach nur praktizieren. Übung macht den Meister.

5

Die perfekte Beziehung

STELLEN SIE SICH EINE PERFEKTE BEZIEHUNG VOR. Sie sind ständig vollkommen glücklich mit Ihrem Partner, weil er der perfekte Mann oder die perfekte Frau für Sie ist. Wie würden Sie Ihr Leben mit diesem Menschen beschreiben?

Nun, die Art, wie Sie sich gegenüber dieser Person verhalten, wird genau dieselbe sein, wie Sie sich gegenüber Ihrem Hund verhalten. Ein Hund ist ein

Hund. Egal was Sie tun, er wird immer ein Hund sein. Sie werden einen Hund nicht in eine Katze oder in ein Pferd verwandeln können, er ist, was er ist.

Diese Tatsache in Ihren Beziehungen mit anderen Menschen zu akzeptieren ist sehr wichtig: Sie können andere Menschen nicht ändern. Entweder lieben Sie sie so, wie sie sind, oder Sie lieben sie nicht. Entweder akzeptieren Sie sie so, wie sie sind, oder Sie akzeptieren sie nicht. Der Versuch, sie zu verändern, damit sie so werden, wie Sie sie haben wollen, ist genauso, als wenn Sie versuchten, einen Hund in eine Katze zu verwandeln, oder eine Katze in ein Pferd. Das ist eine Tatsache. Die anderen sind so, wie sie sind; und Sie sind so, wie *Sie* sind. Sie tanzen, oder Sie tanzen nicht. Sie müssen vollkommen ehrlich mit sich selbst sein – Sie müssen sagen, was Sie wollen, und sehen, ob Sie bereit sind zu tanzen oder nicht. Sie müssen diesen Punkt verstehen, denn er ist von großer Wichtigkeit. Wenn Sie wirklich begreifen, worum es geht, werden Sie wahrscheinlich andere Menschen sehen, wie sie wirklich sind, und nicht nur, wie Sie sie sehen wollen.

Wenn Sie einen Hund oder eine Katze haben, denken Sie darüber nach, wie Sie sich gegenüber Ihrem Tier verhalten. Betrachten wir zum Beispiel Ihre Beziehung zu einem Hund. Das Tier weiß, wie es eine perfekte Beziehung mit Ihnen haben kann. Wenn Ihr Hund etwas Falsches tut, was machen Sie dann mit Ihrem Hund? Einem Hund ist es egal, was Sie mit ihm machen, er liebt Sie einfach. Er hat keinerlei Erwartungen. Ist das nicht wunderbar? Doch wie verhält es sich mit Ihrer Freundin, Ihrem Geliebten, Ihrem Mann, Ihrer Frau? Sie haben so viele Erwartungen und sie verändern sich ständig.

Der Hund ist verantwortlich für seine Hälfte der Beziehung mit Ihnen. Eine Hälfte der Beziehung ist völlig normal – die Hälfte des Hundes. Wenn Sie nach Hause kommen, bellt er Sie an, er wedelt mit dem Schwanz und er hechelt, weil er so glücklich ist, Sie zu sehen. Er spielt seine Rolle sehr gut, und Sie wissen, dass er der perfekte Hund ist. Auch Sie spielen Ihre Rolle beinahe perfekt. Sie erfüllen Ihre Verpflichtung ihm gegenüber – Sie füttern ihn, Sie kümmern sich um ihn, Sie spielen mit ihm. Sie lieben Ihren Hund bedingungslos. Sie sind bereit, fast alles für ihn zu tun. Sie spielen Ihre Rolle perfekt, und Ihr Hund spielt seine Rolle perfekt.

Die meisten Menschen können sich problemlos diese Art der Beziehung mit ihrem Hund vorstellen, doch warum nicht mit einer Frau oder mit einem Mann? Kennen Sie irgendeine Frau oder irgendeinen Mann, die oder der nicht perfekt ist? Der Hund ist ein Hund, und das finden Sie in Ordnung. Sie müssen keine Verantwortung für ihn übernehmen, damit er ein Hund ist. Der Hund versucht nicht, ein guter

Mensch, ein guter Meister zu sein. Also warum können wir dann nicht einer Frau erlauben, einfach eine Frau zu sein, oder einem Mann, einfach ein Mann zu sein, und diesen Menschen genauso lieben, wie er ist, ohne ihn ändern zu wollen?

Vielleicht denken Sie: »Doch was ist, wenn ich nicht mit der richtigen Frau oder dem richtigen Mann zusammen bin?« Das ist eine sehr wichtige Frage. Natürlich müssen Sie die richtige Frau oder den richtigen Mann wählen. Und was ist die richtige Frau oder der richtige Mann? Jemand, der in die gleiche Richtung gehen will wie Sie, jemand, dessen Sichtweise und Wertvorstellungen mit den Ihrigen kompatibel sind – in emotionaler, physischer, ökonomischer und spiritueller Hinsicht.

Wie können Sie wissen, ob Ihr Partner der richtige für Sie ist? Nehmen wir an, Sie sind ein Mann, und eine Frau wählt Sie als ihren Partner. Wenn es hundert Frauen gibt, die einen Mann suchen, und jede Sie als möglichen Kandidaten betrachtet, für wie viele dieser Frauen werden Sie der richtige Mann sein? Die Antwort lautet: *Sie wissen es nicht.* Das ist der Grund, warum Sie es erforschen und ein Risiko eingehen müssen. Doch ich kann Ihnen versichern, dass die richtige Frau für Sie die Frau ist, die Sie genau so lieben, wie sie ist, die Frau, bei der Sie nicht das Bedürfnis verspüren, sie auch nur im Geringsten ändern zu wollen.

Das ist die richtige Frau für Sie. Sie können sich glücklich schätzen, wenn Sie die richtige Frau für sich finden, und gleichzeitig sind Sie der richtige Mann für sie.

Sie werden der richtige Mann für sie sein, wenn sie Sie genauso liebt, wie Sie sind, und nicht den Wunsch hat, Sie zu ändern. Sie muss nicht verantwortlich für Sie sein. Sie kann darauf vertrauen, dass Sie derjenige sind, der Sie zu sein behaupten, dass Sie so sind, wie Sie es nach außen projizieren. Sie kann so ehrlich sein wie möglich und Ihnen zeigen, wie sie wirklich ist. Sie wird nicht zu Ihnen kommen und vorgeben, etwas zu sein, von dem Sie später feststellen, dass sie es nicht ist. Der Mensch, der Sie liebt, *liebt Sie genau so, wie Sie sind.* Denn wenn jemand Sie verändern will, bedeutet dies, dass Sie nicht das sind, was dieser Mensch will. Warum ist er dann also mit Ihnen zusammen?

Sie wissen, dass es leicht ist, Ihren Hund zu lieben, denn Ihr Hund hat keine Meinung über Sie. Der Hund liebt Sie bedingungslos. Das ist wichtig. Und wenn Ihr Partner Sie so liebt, wie Sie sind, ist das genau wie bei dem Hund, der Sie liebt. Sie können mit Ihrem Partner Sie selbst sein. Sie können ein Mann sein, oder Sie können eine Frau sein, genauso wie der Hund mit Ihnen einfach Hund sein kann.

Wenn Sie zum Beispiel einer Frau begegnen, sendet sie Ihnen sofort nach der Begrüßung schon die ersten

Informationen. Sie kann es kaum erwarten, ihren Traum mit Ihnen zu teilen. Sie öffnet sich Ihnen, selbst wenn sie nichts davon weiß. Es ist so leicht für Sie, jeden Menschen so zu sehen, wie er ist. Es ist nicht nötig, dass Sie sich selbst belügen. Sie können sehen, worauf Sie sich einlassen, und entweder wollen Sie es oder Sie wollen es nicht. Doch Sie können nicht der anderen Person Vorwürfe machen, ein Hund zu sein oder eine Katze oder ein Pferd. Wenn Sie einen Hund haben wollen, warum holen Sie sich dann eine Katze ins Haus? Wenn Sie eine Katze möchten, warum sollten Sie sich dann ein Pferd oder ein Huhn anschaffen?

Wissen Sie, welche Art von Mann oder Frau Sie wollen? Denjenigen, der Ihr Herz zum Singen bringt, diejenige, die mit Ihrer Lebens- und Denkweise übereinstimmt, denjenigen, der Sie genau so liebt, wie Sie sind. Warum sollten Sie sich mit etwas anderem zufrieden geben? Warum bekommen Sie nicht das, was Sie wirklich wollen? Warum sich vormachen, dass jemand anders ist als in Wirklichkeit, nur damit er Ihren Vorstellungen entspricht? Das heißt nicht, dass Sie denjenigen nicht lieben, sondern es heißt, dass Sie eine Wahl treffen und ja oder nein sagen, weil Sie nicht nur den anderen, sondern auch sich selbst lieben. Sie treffen eine Entscheidung und Sie sind für Ihre Entscheidung verantwortlich. War diese Entscheidung falsch, treffen Sie einfach eine neue.

Doch wollen wir uns einmal vorstellen, dass Sie einen Hund bekommen, obwohl Sie eigentlich Katzen lieben. Sie möchten, dass Ihr Hund sich wie eine Katze verhält, und Sie versuchen, den Hund zu ändern, weil er nie »Miau« sagt. Was machen Sie bloß mit einem Hund? Besorgen Sie sich eine Katze! Das ist die einzige Möglichkeit, eine gute Beziehung anzufangen. Zuerst müssen Sie wissen, was Sie wollen, wie Sie es wollen, wann Sie es wollen. Sie müssen genau die Bedürfnisse Ihres Körpers kennen, die Bedürfnisse Ihres Geistes und wissen, was gut zu Ihnen passt.

Es gibt Millionen Männer und Frauen, und jeder von ihnen ist einzigartig. Einige werden gut zu Ihnen passen und einige werden überhaupt nicht zu Ihnen passen. Sie können jeden lieben, doch um mit einem Menschen täglich zu tun zu haben, brauchen Sie jemanden, der besser mit Ihnen übereinstimmt. Der Betreffende muss nicht genauso sein wie Sie, Sie beide müssen nur wie ein Schlüssel in einem Schlüsselloch sein – ein Paar, das funktioniert.

Sie müssen sich selbst und jedem anderen gegenüber ehrlich sein. Zeigen Sie, wer Sie wirklich sind, und geben Sie nicht vor, etwas zu sein, was Sie nicht sind. Das ist wie auf einem Markt: Sie wollen sich selbst verkaufen und Sie wollen auch etwas einkaufen. Bevor Sie etwas kaufen, möchten Sie die Qualität dessen sehen, was Sie bekommen werden. Doch um etwas verkaufen zu können, müssen sie anderen zeigen, wer Sie sind. Es hat nichts damit zu tun, besser oder schlechter als jemand anderes zu sein. Es geht darum, Sie selbst zu sein.

Wenn Sie das sehen, was Sie haben wollen, warum dann kein Risiko eingehen? Doch wenn Sie feststellen, dass es nicht das ist, was Sie sich wünschen, wissen Sie, dass Sie früher oder später dafür zahlen müssen. Klagen Sie dann nicht: »Mein Liebhaber behandelt mich schlecht«, wenn Sie diese Möglichkeit von Anfang an klar sehen konnten. Belügen Sie sich nicht selbst, machen Sie sich nichts vor. Projizieren Sie nichts in andere Menschen hinein, was nicht da ist. Hier ist die Botschaft: Wenn Sie wissen, was Sie wollen, werden Sie entdecken, dass diese Beziehung genauso ist wie die mit Ihrem Hund, nur besser.

Erkennen Sie, was vor Ihnen ist. Seien Sie nicht blind oder bilden Sie sich ein, etwas zu sehen, was nicht da ist. Verleugnen Sie nicht das, was Sie sehen, nur um die Ware zu bekommen, obwohl diese nicht Ihre Bedürfnisse erfüllt. Wenn Sie etwas kaufen, was Sie nicht brauchen, landet es in der Garage. In einer Beziehung läuft es genauso. Natürlich kann es unter Umständen Jahre dauern, bis wir diese schmerzliche Lektion lernen, doch ist dies ein guter Anfang. Wenn Sie einen guten Anfang machen, wird der Rest einfacher sein, da Sie Ihr wahres Wesen zeigen können.

Vielleicht haben Sie schon eine bestimmte Menge Zeit in eine Beziehung investiert. Wenn Sie beschließen, die Beziehung aufrechtzuerhalten, können Sie trotzdem einen Neuanfang machen, indem Sie Ihren Partner so akzeptieren und lieben, wie er ist. Doch zunächst werden Sie einen Schritt zurück tun müssen. Sie werden sich selbst akzeptieren und lieben müssen, so wie Sie sind. Nur indem Sie sich selbst wirklich so lieben und akzeptieren, wie Sie sind, können Sie Ihr wahres Wesen zum Ausdruck bringen. Sie sind, was Sie sind, und das ist alles. Sie müssen nicht so tun, als seien Sie etwas anderes. Wenn Sie vorgeben, etwas zu sein, was Sie nicht sind, werden Sie unweigerlich Schiffbruch erleiden.

Wenn Sie sich erst einmal so akzeptieren, wie Sie sind, besteht der nächste Schritt darin, Ihren Partner zu akzeptieren. Wenn Sie sich entscheiden, mit einem Menschen zusammen zu sein, versuchen Sie nicht, den Betreffenden in irgendeiner Weise zu ändern. Genau wie Ihr Hund oder Ihre Katze, lassen Sie ihn so sein, wie er ist. Er hat das Recht, so zu sein, wie er ist; er hat das Recht, frei zu sein. Wenn Sie die Freiheit Ihres Partners einschränken, schränken Sie Ihre eigene Freiheit ein, weil Sie aufpassen müssen, was Ihr Partner tut oder nicht tut. Und wenn Sie sich selbst wirklich lieben, werden Sie nie bereit sein, Ihre persönliche Freiheit aufzugeben.

Können Sie die Möglichkeiten sehen, die eine Beziehung bietet? Erforschen Sie sie. Seien Sie authentisch. Finden Sie einen Menschen, der zu Ihnen passt. Gehen Sie das Risiko ein, doch seien Sie ehrlich. Wenn es funktioniert, machen Sie weiter. Wenn es nicht funktioniert, tun Sie sich selbst und Ihrem Partner einen Gefallen: Lösen Sie die Beziehung auf. Lassen Sie los. Seien Sie nicht egoistisch. Geben Sie sich und Ihrem Partner die Gelegenheit, das zu finden, wonach Sie sich wirklich sehnen. Wenn eine Beziehung nicht funktioniert, ist es besser, sich nach anderen Möglichkeiten umzuschauen. Wenn Sie Ihren Partner nicht so lieben können, wie er ist, kann er jemand anderen finden, der ihn genau so liebt, wie er ist. Vergeuden Sie nicht Ihre Zeit und vergeuden Sie nicht die Zeit Ihres Partners. Das ist Respekt.

Wenn Sie der Versorger sind und Ihr Partner der Süchtige und dies nicht das ist, was Sie wollen, wären Sie vielleicht mit einem anderen Menschen glücklicher. Doch wenn Sie beschließen, die Beziehung aufrechtzuerhalten, sollten Sie Ihr Bestes tun. Tun Sie Ihr Bestes, da Sie derjenige sein werden, der die Belohnung bekommt. Wenn Sie Ihren Partner so lieben können, wie er ist, wenn Sie Ihrem Partner Ihr Herz vollkommen öffnen können, können Sie durch Ihre Liebe den Himmel auf Erden finden.

Wenn Sie bereits eine Katze haben und einen Hund

wollen, was können Sie dann tun? Sie können von diesem Moment an beginnen zu üben. Sie können einen Neuanfang anstreben, indem Sie Ihre Bindungen an die Vergangenheit durchtrennen und ganz von vorne beginnen. Jeder von uns hat die Möglichkeit, sich zu ändern, und es kann zu unserem Vorteil sein. Es ist ein Neuanfang für Sie, alles zu vergeben, was je zwischen Ihnen und Ihrem Partner geschehen ist. Lassen Sie es los, weil es nichts anderes war als Sich-wichtig-Nehmen. Es handelte sich lediglich um Missverständnisse. Sie fühlten sich einfach verletzt und versuchten, es dem anderen heimzuzahlen. Es lohnt sich nicht, durch irgendwelche Ereignisse in der Vergangenheit die Möglichkeit zu versäumen, in einer Beziehung Glückseligkeit erlangen zu können. Bringen Sie den Mut auf, sich hundertprozentig auf eine Beziehung einzulassen, oder beenden Sie sie. Lassen Sie die Vergangenheit los und beginnen Sie jeden Tag auf einer höheren Stufe der Liebe. Auf diese Weise wird das Feuer lebendig bleiben und Ihre Liebe immer größer werden.

Natürlich ist es nötig, dass Sie sich die Bedeutung von guten und schlechten Momenten anschauen, die in einer Beziehung auftreten. Wenn zu diesen schlechten Momenten emotionale oder physische Gewalt gehört, weiß ich nicht, ob das Paar zusammenbleiben sollte. Wenn ein schlechter Moment darin besteht, dass der eine seinen Job verliert, Schwierigkeiten im

Beruf auftauchen oder jemand einen Unfall hat, dann ist das etwas anderes. Wenn die schlechten Momente auf Angst basieren, auf einem Mangel an Respekt, auf Demütigung oder Hass, bin ich nicht sicher, wie viele solcher Momente ein Paar überleben kann.

Auch in der Beziehung mit Ihrem Hund können Sie zuweilen einen schlechten Moment haben. Aus irgendeinem Grund passiert es – ein Unfall, ein schlechter Tag im Büro, was auch immer. Sie kommen nach Hause, der Hund bellt Sie freudig an, wedelt mit dem Schwanz und möchte mit Ihnen spielen. Sie fühlen sich aber nicht danach, doch der Hund ist nun einmal da. Er wird sich nicht verletzt fühlen, wenn Sie nicht spielen wollen, da er Ihr Verhalten nicht persönlich nimmt. Nachdem der Hund Ihre Ankunft gefeiert hat und feststellt, dass Sie nicht spielen wollen, geht er und spielt alleine. Er bleibt nicht vor Ihnen stehen und besteht darauf, dass Sie glücklich sein sollen.

Manchmal haben Sie vielleicht das Gefühl, sie bekommen mehr Unterstützung von Ihrem Hund als von einem Partner, der Sie unbedingt glücklich machen will. Wenn Sie nicht glücklich sein, sondern sich nur still zurückziehen wollen, dann ist das nichts, was der andere persönlich nehmen sollte. Es hat nichts mit Ihrem Partner zu tun. Vielleicht haben Sie ein Problem und müssen in Ruhe darüber nachdenken.

Doch diese Ruhe kann Ihren Partner zu den verschiedensten Annahmen veranlassen: »Was habe ich jetzt schon wieder getan? Es liegt an mir, dass er sich so verhält.« Es hat nichts mit Ihrem Partner zu tun. Wenn man Sie allein lässt, wird sich die Spannung auflösen und Sie werden wieder glücklich sein können.

Das ist der Grund, warum der Schlüssel ins Schlüsselloch passen muss, denn wenn einer von Ihnen einen schlechten Moment oder eine emotionale Krise erlebt, besteht Ihre Vereinbarung darin, sich gegenseitig zu gestatten, so zu sein, wie Sie sind. Dann ist die Beziehung eine völlig andere Geschichte. Sie stellt eine andere Seinsweise dar und das Ganze kann sehr schön sein.

Beziehungen sind eine Kunst. Der Traum, den zwei Menschen erschaffen, ist schwieriger zu meistern als der Traum eines Einzelnen. Um dafür zu sorgen, dass Sie beide glücklich bleiben, müssen Sie klar die Grenze ziehen. Sie sind für Ihre Hälfte verantwortlich, und diese enthält eine bestimmte Menge Müll. Ihr Müll ist Ihre Sache. Sie sind derjenige, der sich um diesen Müll kümmern muss, nicht Ihr Partner. Wenn Ihr Partner versucht, Ihren Müll zu beseitigen, wird er dafür mit einer gebrochenen Nase bezahlen. Wir müssen lernen, unsere Nase nicht in Angelegenheiten zu stecken, die uns nichts angehen. Genauso verhält es sich mit der Hälfte Ihres Partners. Ihr Partner hat eine bestimmte Menge Müll angesammelt. In dem Wissen darum erlauben Sie ihm, sich um seinen eigenen Müll zu kümmern. Sie werden ihn lieben und mit all seinem Müll akzeptieren, so wie Sie Ihren eigenen Müll akzeptieren. Sie befinden sich nicht in der Beziehung, um den Müll Ihres Partners zu beseitigen, er wird es selbst tun.

Selbst wenn Ihr Partner Sie hinsichtlich seines Mülls um Ihre Hilfe bittet, haben Sie die Wahl abzulehnen. Nein zu sagen bedeutet nicht, dass Sie Ihren Partner nicht lieben oder akzeptieren. Es bedeutet vielmehr, dass Sie dieses Spiel nicht spielen wollen oder nicht dazu in der Lage sind. Wenn Ihr Partner zum Beispiel wütend wird, können Sie sagen: »Du hast das Recht, wütend zu sein, doch muss ich nicht auch wütend sein, nur weil du es bist. Ich habe nichts getan, um deine Wut zu provozieren.« Sie müssen die Wut Ihres Partners auf keinen Fall akzeptieren, doch können Sie sie ihm gestatten. Es ist nicht nötig, zu streiten. Erlauben Sie ihm einfach, so zu sein, wie er ist. Erlauben Sie ihm zu heilen, ohne sich einzumischen. Und Sie können auch ein Abkommen treffen, dass der andere sich nicht in Ihren eigenen Heilungsprozess einmischt.

Nehmen wir an, Sie sind ein Mann und Sie sind glücklich, und aus irgendeinem Grund kann Ihre Partnerin nicht glücklich sein. Sie hat persönliche Probleme, sie ist mit ihrem Müll beschäftigt und sie ist unglücklich. Da Sie Ihre Partnerin lieben, werden Sie sie unterstützen, doch unterstützen bedeutet nicht, dass Sie unglücklich werden, nur weil sie es ist. Das ist keine Hilfe. Wenn sie unglücklich ist und Sie es auch werden, geht es Ihnen beiden schlecht. Wenn Sie glücklich sind, kann Ihr Glück das Ihrer Partnerin zurückbringen.

Genauso verhält es sich, wenn Sie deprimiert sind und die Frau glücklich ist. Dann ist ihr Glück die beste Hilfe für Sie. Um Ihrer selbst willen, lassen Sie sie glücklich sein. Machen Sie gar nicht erst den Versuch, ihr ihr Glück zu nehmen. Was immer bei Ihrer Arbeit passiert, kommen Sie nicht nach Hause und spritzen mit Ihrem Gift um sich. Bleiben Sie ruhig und lassen Sie Ihre Partnerin wissen, dass es nichts Persönliches ist, dass Sie einfach mit sich selbst ins Reine kommen müssen. Sie können sagen: »Bleib glücklich und spiel weiter, ich werde zu dir kommen und mit dir spielen, wenn ich dein Glück genießen kann. Im Moment habe ich das Bedürfnis, allein zu sein.«

Wenn Sie das Konzept des verwundeten Geistes verstehen, werden Sie auch den Grund verstehen, warum Liebesbeziehungen so problematisch sind. Der emotionale Körper ist krank. Er hat Wunden, die mit Gift infiziert sind. Wenn uns nicht bewusst ist, dass wir oder unser Partner an einer Krankheit leiden, werden wir selbstsüchtig. Die Wunden schmerzen und wir müssen sie schützen, selbst vor den Menschen, die wir lieben. Doch wenn wir uns der Krankheit bewusst sind, können wir diverse Vereinbarungen treffen. Wenn wir wissen, dass unser Partner emotionale Wunden hat, und wenn wir unseren Partner lieben, wollen wir aus Mitgefühl seine Wunden nicht berühren. Wir wollen ihn nicht dazu drängen, seine Wunden zu heilen, und wir wollen nicht, dass er uns dazu drängt, unsere Wunden zu heilen.

Gehen Sie das Risiko ein und nehmen Sie die Verantwortung auf sich, eine neue Vereinbarung mit Ihrem Partner zu treffen – nicht eine Vereinbarung, über die Sie etwas in einem Buch gelesen haben, sondern eine Abmachung, die für Sie beide sinnvoll ist. Falls sie nicht funktionieren sollte, ändern Sie die Abmachung und denken Sie sich eine neue aus. Benutzen Sie Ihre Vorstellungskraft, um neue Möglichkeiten zu erforschen und neue Vereinbarungen zu treffen, die auf gegenseitigem Respekt und Liebe basieren. Kommunikation von Respekt und Liebe ist der Schlüssel, um die Liebe lebendig zu erhalten und niemals unter Langeweile in Ihrer Beziehung zu leiden. Es hat etwas damit zu tun, dass Sie Ihre Stimme finden und Ihre Bedürfnisse kundtun. Und es hat etwas damit zu tun, dass Sie sich selbst und Ihrem Partner vertrauen.

Was Sie mit Ihrem Partner teilen werden, ist nicht der Müll, sondern Ihre Liebe, Ihre Romantik, Ihr Verständnis. Das Ziel für Sie beide besteht darin, dass Sie immer glücklicher und glücklicher werden, und dafür ist mehr und mehr Liebe erforderlich. Sie sind der perfekte Mann, die perfekte Frau, und Ihr Partner ist der perfekte Mensch, genau wie der Hund der perfekte Hund ist. Wenn Sie Ihren Partner mit Liebe und Respekt behandeln, wem wird das zugute kommen? Niemand anderem als Ihnen selbst.

Heilen Sie Ihre Hälfte der Beziehung und Sie werden glücklich sein. Wenn Sie diesen Teil Ihres Wesens heilen können, dann werden Sie bereit sein für eine Beziehung ohne Angst, ohne Bedürfnisse. Doch vergessen Sie nicht, Sie können nur Ihre eigene Hälfte heilen. Falls Sie eine Beziehung haben und an Ihrer Hälfte arbeiten, während Ihr Partner an der anderen Hälfte arbeitet, werden Sie feststellen, wie schnell Sie gemeinsam Fortschritte erzielen. Liebe ist es, die Sie glücklich macht, und wenn Sie und Ihr Partner zu Dienern der Liebe werden, können Sie sich schon jetzt vorstellen, was damit alles möglich wird. Der Tag wird kommen, an dem Sie ohne Schuldgefühle oder Vorwürfe mit Ihrem Partner zusammenleben können, ohne Zorn und ohne Traurigkeit. Jener Tag wird wunderbar sein, wenn Sie sich dem anderen vollkommen öffnen können, nur um mit ihm zu teilen, ihm zu dienen, ihm Ihre Liebe zu schenken.

Wenn Sie sich entschieden haben, ein Paar zu werden, haben Sie sich entschieden, dem zu dienen, den Sie lieben und den Sie als Ihren Partner gewählt haben. Sie sind hier, um Ihrem Geliebten Ihre Liebe darzubringen, um einer des anderen Diener zu sein. In jedem Kuss, in jeder Berührung spüren Sie, dass Sie hier sind, um den zu erfreuen, den Sie lieben, ohne irgendeine Gegenleistung zu erwarten. Es geht nicht nur um Sex, sondern vielmehr darum, zusammen zu sein. Auch der Sex wird durch diese Liebe wunderschön, doch gleichzeitig ist er vollkommen anders. Sex wird zu einer Kommunion. Er verwandelt sich in eine vollkommene Hingabe, einen Tanz, eine Kunst, den höchsten Ausdruck von Schönheit.

Sie können eine Vereinbarung treffen, die besagt: »Ich mag dich. Du bist wunderbar. Ich fühle mich so wohl bei dir. Ich werde Blumen mitbringen und du sanfte Musik. Wir werden tanzen und in den Wolken schweben.« Es ist wunderbar, romantisch. Es ist nicht mehr ein Kampf um die Macht; jetzt geht es um den gegenseitigen Dienst am anderen. Doch eine solche Beziehung können Sie nur erleben, wenn die Liebe, die Sie für sich selbst haben, sehr stark ist.

6

Die magische Küche

STELLEN SIE SICH VOR, SIE HABEN EINE MAGISCHE KÜCHE zu Hause. In dieser magischen Küche können Sie alle Köstlichkeiten aus jeder Ecke der Welt in jeder Quantität bekommen, nach denen Ihnen der Sinn steht. Sie müssen sich nie Sorgen machen, was Sie essen sollen, was immer Sie sich wünschen, können Sie auf Ihrem Tisch haben. Sie sind sehr großzügig mit Ihren Nahrungsmitteln; Sie geben Ihre

Köstlichkeiten bedingungslos an andere weiter, ohne etwas dafür zurückhaben zu wollen. Wer immer an Ihre Türe klopft, den versorgen Sie mit Essen, einfach aus der Freude am Teilen, und Ihr Haus ist immer voller Menschen, die Sie besuchen kommen, um die Köstlichkeiten aus Ihrer magischen Küche zu genießen.

Dann klopft eines Tages jemand an Ihre Tür mit einer Pizza in der Hand. Sie öffnen die Tür, der Betreffende schaut Sie an und sagt: »Hallo, siehst du diese Pizza? Ich werde dir diese Pizza geben, wenn du zulässt, dass ich dein Leben kontrolliere, wenn du alles tust, was ich will. Du wirst nie hungern müssen, da ich jeden Tag eine Pizza nach Hause bringen kann. Du musst nur gut zu mir sein.«

Können Sie sich Ihre Reaktion vorstellen? Sie können die gleiche Pizza in Ihrer Küche haben – sogar besser. Dennoch kommt dieser Mensch zu Ihnen und bietet Ihnen Nahrung an, *falls* Sie bereit sind, alles zu tun, was er von Ihnen will. Sie werden lachen und sagen: »Nein, vielen Dank! Ich brauche deine Pizza nicht, ich habe jede Menge zu essen. Du kannst in mein Haus kommen und alles essen, was du willst, und du musst nichts dafür tun. Nur glaube nicht, dass ich tun werde, was du sagst. Niemand kann mich mit Nahrung manipulieren.«

Und jetzt stellen Sie sich die genau gegenteilige

Reaktion vor. Mehrere Wochen sind vergangen, in denen Sie nichts gegessen haben. Sie hungern und haben kein Geld, sich etwas zu essen zu kaufen. Jemand kommt auf Sie zu mit einer Pizza in der Hand und sagt: »Hallo, hier ist was zu essen. Du kannst diese Pizza haben, wenn du nur einfach tust, was ich will.« Der köstliche Duft der Pizza steigt Ihnen in die Nase und Ihr Hunger wird noch größer. Sie beschließen, die Nahrung anzunehmen und alles zu tun, was dieser Mensch von Ihnen verlangt. Sie essen ein wenig von der Pizza und er sagt: »Wenn du willst, kannst du mehr haben, doch musst du immer tun, was ich dir sage.«

Heute haben Sie etwas zu essen, doch morgen vielleicht nicht, also sind Sie einverstanden, alles zu tun, was Ihnen möglich ist, um Nahrung zu bekommen. Wegen der Nahrung können Sie zum Sklaven werden, da Sie welche brauchen und selbst keine haben. Nach einer bestimmten Zeit bekommen Sie Zweifel an der ganzen Sache. Sie sagen: »Was werde ich nur ohne meine Pizza tun? Ich kann nicht ohne meine Pizza leben. Was wäre, wenn mein Partner beschließt, die Pizza jemand anderem zu geben – *meine* Pizza?«

Nun stellen Sie sich vor, dass wir über Liebe sprechen. Sie haben eine Fülle von Liebe in Ihrem Herzen. Sie empfinden Liebe nicht nur für sich selbst, sondern für die ganze Welt. Ihre Liebe ist so groß, dass Sie die eines anderen nicht brauchen. Sie teilen Ihre Liebe ohne Bedingungen, ohne Wenn und Aber. Sie sind ein Millionär der Liebe und jemand klopft an Ihre Tür und sagt: »Hallo, ich habe Liebe für dich. Du kannst meine Liebe haben, wenn du alles tust, was ich will.«

Wenn Ihr Herz voller Liebe ist, wie wird dann Ihre Reaktion aussehen? Sie werden lachen und antworten: »Vielen Dank, aber ich brauche deine Liebe nicht. Ich habe die gleiche Liebe hier in meinem Herzen, sogar noch größer und besser, und ich teile meine Liebe bedingungslos.«

Doch was wird geschehen, wenn Sie nach Liebe hungern, wenn Sie diese Liebe nicht in Ihrem eigenen Herzen tragen und jemand kommt und sagt: »Möchtest du ein wenig Liebe? Du kannst Dich meiner Liebe erfreuen, wenn du einfach alles tust, was ich von dir will.« Wenn Sie nach Liebe hungern und diese Ihnen angebotene Liebe kosten, werden Sie für sie alles tun, was in Ihrer Macht steht. Es kann sogar passieren, dass Ihr Bedürfnis nach Liebe so groß ist, dass Sie Ihre ganze Seele für ein wenig Aufmerksamkeit hergeben.

Ihr Herz ist wie diese magische Küche. Wenn Sie Ihr Herz öffnen, werden Sie merken, dass Sie bereits all die Liebe haben, die Sie brauchen. Es gibt keinen Grund, durch die Welt zu gehen und um Liebe zu betteln: »Kann mich bitte jemand lieben? Ich bin so einsam, ich bin nicht gut genug für die Liebe. Ich brauche jemanden, der mich liebt, um zu beweisen, dass ich es wert bin, geliebt zu werden.« Wir haben mehr als genug Liebe in unseren eigenen Herzen, doch wir sehen sie nicht.

Erkennen Sie das Drama, das Menschen erschaffen, wenn sie glauben, dass sie keine Liebe haben? Sie hungern nach Liebe, und wenn sie ein wenig von der Liebe eines anderen kosten, entsteht nur ein noch größeres Bedürfnis. Dann glauben sie, diese Liebe unbedingt zu brauchen und klammern sich wie besessen daran. Und schon ist das große Drama im Gange: »Was soll ich bloß tun, wenn er mich verlässt?« »Wie kann ich ohne sie leben?« Die Betreffenden können nicht ohne ihren Versorger existieren, denjenigen, der sie mit ihrer täglichen Dosis Liebe versorgt. Und für dieses kleine bisschen Liebe, nur weil sie so hungrig nach Zuwendung sind, erlauben sie anderen Menschen, ihr Leben zu kontrollieren. Sie lassen sich von anderen vorschreiben, was sie tun und was sie nicht tun sollen, was sie anziehen und was sie nicht anziehen sollen, wie sie sich verhalten und wie sie sich nicht verhalten sollen, was sie glauben und was sie nicht glauben sollen. »Ich liebe dich, wenn du dich auf diese Art verhältst. Ich liebe dich, wenn du zulässt, dass ich dein Leben kontrolliere. Ich liebe dich nur, wenn du gut zu mir bist. Wenn nicht, vergiss es.«

Das Problem mit den Menschen ist, dass sie nicht wissen, dass sie eine magische Küche in ihrem Herzen haben. All unser Leiden kommt daher, dass wir vor langer Zeit unsere Herzen verschlossen haben und nicht mehr länger die Liebe fühlen, die dort wohnt. An einem bestimmten Punkt in unserem Leben haben wir Angst davor bekommen zu lieben, weil wir glaubten, dass die Liebe nicht fair ist, dass Liebe wehtut. Wir haben versucht, gut genug für jemand anderen zu sein; wir haben versucht, von jemand anderem akzeptiert zu werden, und wir haben versagt. Wir haben bereits zwei oder drei Geliebte gehabt und ein paarmal wurde uns das Herz gebrochen. Noch einmal zu lieben würde bedeuten, ein zu großes Risiko einzugehen.

Natürlich haben wir so viele Selbsturteile, dass wir unmöglich auch nur ein wenig Selbstliebe empfinden können. Und wenn wir uns selbst nicht lieben, wie können wir dann auch nur so tun, als würden wir Liebe mit einem anderen Menschen teilen?

Wenn wir eine Beziehung eingehen, werden wir egoistisch, weil wir so bedürftig sind. Alles dreht sich um uns. Wir sind so selbstsüchtig, dass wir von dem Menschen, mit dem wir unser Leben teilen, erwarten, dass er genauso bedürftig ist wie wir. Wir wollen

»jemanden, der mich braucht«, um unsere Existenz zu rechtfertigen, um zu fühlen, dass wir einen Grund haben, am Leben zu sein. Wir denken, dass wir nach Liebe suchen, doch in Wahrheit suchen wir nach »jemandem, der mich braucht«, jemandem, den wir beherrschen und manipulieren können.

Es gibt einen Kampf um die Macht in menschlichen Beziehungen, da wir so domestiziert wurden, dass wir darum konkurrieren, die Aufmerksamkeit anderer Menschen zu beherrschen. Was wir Liebe nennen – »jemand, der mich braucht; jemand, dem etwas an mir liegt« –, ist nicht Liebe, es ist Selbstsucht. Wie soll das funktionieren? Selbstsucht funktioniert nicht, weil sie keine Liebe beinhaltet. Beide Beteiligten hungern nach Liebe. In ihren sexuellen Begegnungen kosten sie ein wenig davon, und sie werden süchtig danach, weil ihr Bedürfnis nach Liebe so groß ist. Doch leider gibt es all diese Vorurteile, all diese Ängste, all diese Vorwürfe, all diese Dramen.

Dann suchen wir nach Rat in Sachen Liebe und Sexualität. So viele Bücher sind darüber geschrieben worden und fast alle könnten den Titel tragen: »Wie man sexuell egoistisch sein kann.« Die Absicht ist gut, doch wo ist die Liebe? Diese Bücher bringen einem nichts über die Liebe bei, es gibt nichts, was man über die Liebe lernen kann. Sie ist bereits in unseren Genen, in unserer Natur. Wir müssen nichts lernen, abgesehen von dem, was wir in dieser Welt der Illusion erfinden. Wir suchen außerhalb von uns nach Liebe, wo sie doch überall um uns herum lebt. Liebe ist überall, doch haben wir nicht die Augen, sie zu sehen. Unser emotionaler Körper ist nicht mehr länger auf sie eingestimmt.

Wir haben eine so große Angst davor zu lieben, weil es keine Sicherheit bietet. Die Angst vor Ablehnung erschreckt uns. Wir müssen vorgeben, etwas zu sein, was wir nicht sind. Wir versuchen, von unserem Partner akzeptiert zu werden, obwohl wir nicht einmal uns selbst akzeptieren. Doch das Problem besteht nicht darin, dass unser Partner uns ablehnt. Das Problem ist vielmehr, dass wir uns selbst ablehnen, weil wir nicht gut genug sind, denn das ist es, was wir glauben.

Selbstablehnung ist das Hauptproblem. Da die Vorstellung der Perfektion völlig aus der Luft gegriffen und unzutreffend ist, werden Sie in Ihren eigenen Augen nie gut genug sein. Diese Idee von Perfektion ist ein falsches Konzept, es hat nicht das Geringste mit der Realität zu tun. Doch Sie glauben es. Da Sie sich für nicht perfekt halten, lehnen Sie sich selbst ab, und der Grad Ihrer Selbstablehnung hängt davon ab, wie erfolgreich die Erwachsenen bei ihren Bemühungen waren, Ihre Integrität zu untergraben.

Nach der Domestizierung dreht es sich nicht mehr länger darum, gut genug für jemand anderen zu sein. Sie sind nicht mehr länger gut genug für sich selbst, da der Große Richter in Ihrem Inneren immer auf der Hut ist und Sie daran erinnert, dass Sie nicht perfekt sind. Wie ich bereits erwähnt habe, können Sie sich selbst nie verzeihen, nicht der zu sein, der Sie sein wollen, und darin liegt das eigentliche Problem. Wenn Sie diese Sichtweise verändern können, haben Sie damit Ihre Hälfte der Beziehung geklärt. Die andere Hälfte ist nicht Ihr Problem.

Wenn Sie jemandem sagen, dass Sie ihn lieben, und er erwidert: »Aber ich liebe dich nicht«, ist das dann ein Grund für Sie, zu leiden? Nur weil jemand Sie zurückweist, heißt das nicht, dass Sie sich selbst ablehnen müssen. Wenn ein bestimmter Mensch Sie nicht liebt, wird es ein anderer tun. Es gibt immer jemand anderen. Und es ist besser, eine Beziehung mit jemandem einzugehen, der mit Ihnen zusammen sein *will*, als mit jemandem zu leben, der mit Ihnen zusammen sein *muss*.

Sie sollten sich auf die schönste Beziehung fokussieren, die Sie haben können: die Beziehung mit sich selbst. Das hat nichts mit Egoismus zu tun, aber viel mit Selbstliebe. Egoismus und Selbstliebe sind nicht dasselbe. Wir sind nur dann egoistisch, wenn keine Liebe da ist. Sie müssen sich selbst lieben und diese

Liebe wird immer stärker werden. Wenn Sie dann eine Beziehung eingehen, geschieht das nicht, weil Sie das Bedürfnis haben, geliebt zu werden. Sie können sich für einen Menschen entscheiden, wenn Sie wollen, und Sie können herausfinden, wer er wirklich ist. Wenn Sie seine Liebe nicht brauchen, müssen Sie sich selbst nicht belügen.

Sie sind vollkommen. Wenn Sie von Liebe erfüllt sind, dann werden Sie nicht nach ihr suchen, nur weil Sie Angst vor dem Alleinsein haben. Wenn Sie sich selbst wirklich lieben, können Sie gut alleine sein, ohne dass es Ihnen Probleme bereitet. Sie sind glücklich, alleine zu sein, und genauso gern teilen Sie Ihr Leben mit jemand anderem.

Wenn ich Sie mag und wir gehen zusammen aus, liegt das dann daran, dass wir eifersüchtig sein wollen, dass ich Sie unbedingt kontrollieren will oder dass Sie das Bedürfnis haben, mich zu kontrollieren? Wenn dies der Fall ist, werden wir nicht viel Spaß haben. Wenn ich kritisiert oder verurteilt werde und mich daraufhin schlecht fühle, dann vielen Dank, lieber nicht. Wenn ich leiden werde, dann ist es vielleicht besser, alleine zu sein. Tun sich die Menschen zusammen, um ein Drama zu erschaffen, voneinander Besitz zu ergreifen, sich gegenseitig zu bestrafen, oder um gerettet zu werden? Sind das tatsächlich die Gründe, warum Sie eine Beziehung eingehen? Natürlich stehen uns alle diese Möglichkeiten offen. Doch wonach suchen wir wirklich?

Als Kinder – fünf, sechs oder sieben Jahre alt – fühlen wir uns zu anderen Kindern hingezogen, weil wir spielen und Spaß haben wollen. Wir verbringen nicht Zeit mit einem anderen Kind, weil wir mit ihm streiten oder ein großes Drama inszenieren wollen. Das kann natürlich passieren, doch wird es schnell vorbei sein. Wenn wir uns langweilen, spielen wir ein anderes Spiel, wir ändern die Regeln, doch die ganze Zeit erforschen und entdecken wir uns selbst und die anderen.

Wenn Sie eine Partnerschaft eingehen, weil Sie eifersüchtig oder besitzergreifend sein wollen, um Dramen zu inszenieren oder das Leben Ihres Partners zu beherrschen, dann wollen Sie nicht eine gute Zeit verbringen, sondern Sie suchen Leid, und genau das werden Sie finden. Wenn Sie mit Selbstsucht in eine Beziehung gehen in der Erwartung, dass Ihr Partner Sie glücklich machen wird, werden Sie unweigerlich enttäuscht sein. Und dies ist nicht der Fehler des anderen, sondern Ihr eigener.

Wenn wir uns auf eine Beziehung einlassen, egal welcher Art, dann weil wir etwas teilen wollen. Wir wollen genießen, wir wollen Spaß haben, aber wir wollen uns nicht langweilen. Wenn wir uns nach einem Partner umschauen, dann geschieht das, weil wir spielen, glücklich sein und genießen wollen, wer wir sind. Wir wählen einen Partner nicht, nur um diesem Menschen, den wir zu lieben behaupten, all unseren Müll aufzuladen, unsere Eifersucht, unsere Wut und Frustration, unseren Egoismus. Wie kann jemand Ihnen sagen: »Ich liebe dich« und Sie dann schlecht behandeln und missbrauchen, Sie demütigen und sich Ihnen gegenüber respektlos verhalten? Dieser Mensch mag behaupten, dass er Sie liebt, doch ist es wirklich Liebe, was er empfindet? Wenn wir lieben, wollen wir das Beste für die Menschen, die wir lieben. Warum laden wir unseren eigenen Kindern unseren Müll auf? Warum behandeln wir sie schlecht, nur weil wir von Angst und emotionalem Gift erfüllt sind? Warum geben wir unseren Eltern die Schuld an unserem eigenen Müll?

Menschen lernen, egoistisch zu sein und ihre Herzen fest zu verschließen. Sie hungern nach Liebe und wissen nicht, dass das Herz eine magische Küche ist. *Ihr* Herz ist eine magische Küche. Öffnen Sie Ihr Herz. Öffnen Sie Ihre magische Küche und weigern Sie sich, durch die Welt zu gehen und um Liebe zu betteln. In Ihrem Herzen ist alle Liebe, die Sie brauchen. Ihr Herz kann jede Menge Liebe hervorbringen, nicht nur für Sie selbst, sondern für die ganze Welt. Sie können Ihre Liebe bedingungslos schenken. Sie können großzügig mit ihr sein, denn Sie haben eine magische Küche in Ihrem Herzen. Dann werden alle jene hungernden Seelen, die glauben, dass ihr Herz verschlossen ist, immer um der Liebe willen in Ihrer Nähe sein.

Was Sie glücklich macht, ist die Liebe, die aus Ihrem Inneren kommt. Und wenn Sie großzügig sind mit Ihrer Liebe, wird jeder Sie lieben. Wenn Sie großzügig sind, werden Sie nie alleine sein. Wenn Sie jedoch selbstsüchtig sind, werden Sie immer einsam sein und Sie allein tragen die Schuld daran. Ihre Großzügigkeit wird alle Türen öffnen, nicht Ihr Egoismus.

Egoismus ist das Resultat der Armut Ihres Herzens und der Überzeugung, dass nicht genug Liebe vorhanden ist. Wir werden egoistisch, wenn wir glauben, dass wir morgen vielleicht keine Pizza mehr haben werden. Doch wenn wir wissen, dass unser Herz eine magische Küche ist, sind wir immer großzügig und unsere Liebe ist vollkommen bedingungslos.

7

Der Traummeister

JEDE BEZIEHUNG IN UNSEREM LEBEN KANN GEHEILT WERDEN, jede Beziehung kann wunderbar sein, doch Sie sind es, der den Anfang machen muss. Sie müssen den Mut haben, die Wahrheit zu sehen, sich selbst die Wahrheit zu sagen, absolut ehrlich zu sich zu sein. Vielleicht müssen Sie nicht zur ganzen Welt ehrlich sein, doch Sie müssen es zu sich selbst sein. Vielleicht können Sie nicht kontrollieren, was in

Ihrer Umgebung passiert, doch Sie können Ihre eigenen Reaktionen kontrollieren. Diese Reaktionen werden den Traum Ihres Lebens bestimmen, Ihren persönlichen Traum. Es sind Ihre Reaktionen, die Sie entweder unglücklich oder glücklich machen.

Ihre Reaktionen sind der Schlüssel zu einem wunderbaren Leben. Wenn Sie lernen, Ihre eigenen Reaktionen zu kontrollieren, können Sie Ihre Angewohnheiten und damit Ihr ganzes Leben verändern.

Sie sind verantwortlich für die Konsequenzen von allem, was Sie denken, tun, sagen und fühlen. Unter Umständen ist es schwierig für Sie zu sehen, welche Handlungen zu einer bestimmten Konsequenz geführt haben – welche Emotionen, welche Gefühle –, doch Sie können die Konsequenz daran erkennen, dass Sie unter ihr leiden oder sie genießen. Sie kontrollieren Ihren persönlichen Traum, indem Sie Entscheidungen treffen. Sie müssen prüfen, ob Ihnen die Folgen Ihrer Entscheidungen gefallen oder nicht. Wenn es sich um eine Konsequenz handelt, die Ihnen gefällt, dann verhalten Sie sich weiterhin entsprechend und tun die Dinge, die Sie bisher getan haben. Doch wenn Ihnen das, was in Ihrem Leben passiert, nicht gefällt, wenn Sie Ihren Traum nicht genießen, dann sollten Sie versuchen herauszufinden, was zu den Konsequenzen geführt hat. Auf diese Weise können Sie Ihren Traum transformieren.

Ihr Leben ist die Manifestation Ihres persönlichen Traumes. Wenn Sie das Programm Ihres persönlichen Traumes verändern, können Sie ein Traummeister werden. Ein Traummeister, oder Meister des Träumens, macht ein Meisterwerk aus seinem Leben. Doch die Meisterung des Traumes stellt eine große Herausforderung dar, weil die Menschen zu Sklaven ihrer eigenen Träume werden. Die Art, wie wir zu träumen lernen, ist von vornherein eine abgekartete Sache. Aufgrund all der Glaubenssätze, die wir übernommen haben und denen zufolge nichts möglich ist, fällt es uns schwer, dem Traum der Angst zu entfliehen. Um aus diesem Traum zu erwachen, müssen Sie lernen, ihn zu meistern.

Das ist der Grund, warum die Tolteken die Meisterschaft der Transformation kreierten, um sich vom alten Traum zu lösen und einen neuen zu erschaffen, in dem alles möglich ist, einschließlich der Flucht aus dem alten Traum. In der Meisterschaft der Transformation unterteilen die Tolteken die Menschen in Träumer und Pirschjäger. Die Träumer wissen, dass der Traum eine Illusion ist, und in diesem Wissen spielen sie in der Welt. Die Pirschjäger sind den Tigern und Jaguaren vergleichbar, da sie sich an jede Aktion und Reaktion heranpirschen.

Sie müssen sich an Ihre eigenen Reaktionen heranpirschen. Sie müssen in jedem Augenblick an sich selbst arbeiten. Dazu brauchen Sie viel Zeit und Mut, denn es ist einfacher, Dinge persönlich zu nehmen und so zu reagieren, wie Sie schon immer reagiert haben. Das führt jedoch zu einer Vielzahl von Fehlern, zu großem Leid und Schmerz, da Ihre Reaktionen nur noch zusätzliches emotionales Gift entstehen lassen und das Drama intensivieren.

Wenn Sie Ihre Reaktionen kontrollieren können, werden Sie bald feststellen, dass Sie *sehen* können, das heißt, Dinge so wahrzunehmen, wie sie wirklich sind. Normalerweise nimmt der Verstand die Dinge so wahr, wie sie sind, doch aufgrund unserer Programmierung und all der verinnerlichten Glaubenssätze interpretieren wir alles, was wir wahrnehmen, was wir hören, und ganz besonders, was wir sehen.

Es gibt einen großen Unterschied zwischen dem Sehen der Dinge, wie Menschen es im Traum tun, und dem Sehen, das sich jeglichen Urteils enthält und einfach nur wahrnimmt, was ist. Der Unterschied liegt in der Art und Weise, wie Ihr emotionaler Körper auf das reagiert, was Sie sehen. Nehmen wir zum Beispiel an, Sie gehen die Straße entlang und jemand, der Sie nicht kennt, sagt: »Sind Sie aber dumm« und geht dann weiter. Sie können diese Äußerung wahrnehmen und auf verschiedene Weise darauf reagieren. Sie können akzeptieren, was diese Person gesagt hat, und denken: »Ja, ich muss wohl dumm sein.« Sie können aber auch wütend werden, sich gedemütigt fühlen oder die Äußerung einfach ignorieren.

Die Wahrheit ist, dass dieser Mensch mit seinem eigenen emotionalen Gift beschäftigt war und Ihnen diese Worte gesagt hat, weil Sie die erste Person waren, die ihm über den Weg lief. Seine Äußerung hat nichts mit Ihnen zu tun, sie enthält nichts Persönliches. Wenn Sie diese Wahrheit sehen können, wenn Sie erkennen, wie es sich wirklich verhält, dann werden Sie nicht auf die übliche Weise reagieren.

Sie können sagen: »Schau dir diesen Menschen an, der so viel leidet«, doch werden Sie seine Worte nicht persönlich nehmen. Dies ist nur ein Beispiel, aber es lässt sich auf alles anwenden, was in jedem Moment passiert. Wir haben ein kleines Ego, das alles persönlich nimmt und dafür sorgt, dass wir überreagieren. Wir sehen nicht, was wirklich geschieht, da wir sofort reagieren und die Angelegenheit in unseren Traum integrieren.

Ihre Reaktionen haben ihren Ursprung in einem Glaubenssatz, der tief in Ihrem Inneren verankert ist. Sie haben die Art und Weise, wie Sie reagieren, schon tausende von Malen wiederholt und sie ist Ihnen zu einer Gewohnheit geworden. Sie sind darauf konditioniert, sich auf eine bestimmte Weise zu verhalten. Daher besteht die Herausforderung darin, Ihre normalen Reaktionen und Gewohnheiten zu ändern, Risiken einzugehen und neue Entscheidungen zu treffen. Wenn Ihnen die daraus resultierende Konsequenz nicht zusagt, dann verändern Sie Ihr Verhalten so lange, bis Sie schließlich die Ergebnisse erhalten, die Ihnen gefallen.

Ich habe bereits gesagt, dass wir uns nie freiwillig für den Parasiten entscheiden, der durch den Richter, das Opfer und das Glaubenssystem, das wir verinnerlicht haben, repräsentiert wird. Wenn wir wissen, dass wir keine Wahl hatten, und uns bewusst ist, dass es sich dabei lediglich um einen Traum handelt, dann finden wir etwas sehr Wichtiges, das wir verloren haben – etwas, das die Religionen den »freien Willen« nennen. Religionen sagen, dass Gott uns Menschen einen freien Willen gab, als er uns erschuf. Das ist wahr, doch der Traum nahm uns den freien Willen weg und behielt ihn, denn der Traum kontrolliert den Willen der meisten Menschen.

Es gibt Menschen, die sagen: »Ich möchte mich ändern, ich möchte mich *wirklich* ändern. Es gibt keinen Grund, warum ich so arm sein muss. Ich bin intelligent. Es steht mir zu, ein gutes Leben zu führen und viel mehr Geld zu verdienen, als es momentan der Fall ist.« Sie wissen das, doch ihr Verstand sagt Ihnen etwas anderes. Und was tun diese Menschen? Sie schalten den Fernseher ein, sitzen stundenlang davor und tun nichts. Wie stark also ist ihr Wille?

Wenn uns erst einmal bewusst ist, wie es sich verhält, haben wir eine Wahl. Wäre es uns möglich, dieses Bewusstsein ständig aufrechtzuerhalten, könnten wir unsere Angewohnheiten, unsere Reaktionen, ja unser ganzes Leben verändern? Wenn wir erst einmal das Bewusstsein haben, finden wir auch unseren freien Willen wieder. Und wenn wir unseren freien Willen wiederfinden, können wir in jedem Augenblick die Wahl treffen, uns daran zu erinnern, wer wir sind. Und sollten wir es einmal vergessen, können wir wieder wählen, *falls* wir das nötige Bewusstsein haben. Doch wenn wir dieses Bewusstsein nicht haben, bleibt uns keine Wahl.

Diese Bewusstwerdung hat etwas damit zu tun, dass Sie die Verantwortung für Ihr eigenes Leben übernehmen. Sie sind nicht verantwortlich für das, was auf der Welt passiert. Sie haben die Welt nicht so gemacht, wie sie ist, sie war schon so, bevor Sie geboren wurden. Sie sind nicht mit der großen Mission hier, die Welt zu retten und die Gesellschaft zu verändern, doch ohne Frage sind Sie mit einer anderen großen Mission hier, einer wichtigen Mission. Ihre wahre Mission in diesem Leben ist es, dafür zu sorgen, dass Sie glücklich sind. Und um glücklich sein zu können, müssen Sie sich anschauen, was Sie glauben, die Art und Weise, wie Sie sich selbst verurteilen, die Art und Weise, wie Sie sich selbst zum Opfer machen.

Seien Sie vollkommen ehrlich in Bezug auf Ihr Glück. Stellen Sie kein falsches Gefühl des Glücklichseins zur Schau, indem Sie jedem erzählen: »Sieh mich an. Ich bin erfolgreich, ich habe alles, was ich mir wünsche, ich bin so glücklich«, wenn Sie sich selbst nicht leiden können.

Wir können alles haben, aber zuerst müssen wir den Mut aufbringen, die Augen zu öffnen, die Wahrheit zu erkennen und zu sehen, was wirklich geschieht. Die Menschen sind so blind, und sie sind blind, weil sie nicht sehen wollen. Betrachten wir das folgende Beispiel.

Eine junge Frau trifft einen Mann, zu dem sie sich sofort hingezogen fühlt. Ihre Hormone spielen verrückt und sie will den Mann einfach. Alle ihre Freundinnen können sehen, was dieser Mann ist. Er nimmt Drogen, er hat keine Arbeit, er besitzt alle jene Eigenschaften, die einer Frau großes Leid bringen. Doch wenn sie ihn anschaut, was sieht sie? Sie sieht nur, was sie sehen will. Sie sieht, dass er groß ist, dass er gut aussieht, dass er stark ist und dass er Charme hat. Sie macht sich ein Bild von dem Mann und versucht, das zu verleugnen, was sie nicht sehen will. Sie belügt sich selbst. Sie will wirklich glauben, dass die Beziehung funktionieren wird. Die Freundinnen sagen: »Aber er nimmt Drogen und er hat keinen Job.« Sie antwortet: »Das stimmt, aber meine Liebe wird ihn ändern.«

Natürlich hasst ihre Mutter den Mann und ihr Vater genauso. Ihre Eltern machen sich Sorgen um sie, weil sie sehen können, was auf ihre Tochter zukommt. Sie sagen: »Das ist kein guter Mann für dich.« Die junge Frau entgegnet: »Ihr wollt mir sagen, was ich zu tun habe.« Sie wendet sich gegen Vater und Mutter und gibt ihren Hormonen nach. Dabei belügt sie sich selbst in dem Versuch, ihre Entscheidungen zu rechtfertigen. »Das ist mein Leben, und ich werde alles tun, was ich will.«

Monate später bringt die Beziehung sie in die Wirklichkeit zurück. Die Wahrheit kommt allmählich zum Vorschein, und sie gibt dem Mann die Schuld für das, was sie vorher nicht hatte sehen wollen. Es gibt keinen Respekt, dafür aber eine Menge Gewalt und Missbrauch in ihrer Beziehung, doch ihr Stolz ist ihr jetzt am wichtigsten. Wie kann sie nach Hause zu Vater und Mutter zurückgehen und zugeben, dass sie Recht hatten? Das würde ihnen nur Befriedigung verschaffen. Wie lange wird diese Frau brauchen, bis sie ihre Lektion gelernt hat? Wie sehr liebt sie sich selbst? Wo ist die Grenze ihres Selbstmissbrauchs?

All dieses Leiden tritt ein, weil wir nicht sehen wollen, was sich so klar vor unseren Augen abspielt. Selbst wenn wir jemandem begegnen und er versucht, so zu tun, als sei er das Beste, was uns widerfahren kann, selbst mit dieser falschen Maske kann er nicht verhindern, dass sein Mangel an Liebe sichtbar wird, sein Mangel an Respekt. Doch wir wollen es nicht sehen und wir wollen nicht heilen. Das ist der Grund, warum ein Prophet der Antike einst sagte: »Es gibt keinen schlimmeren Blinden als den, der nicht sehen will. Es gibt keinen schlimmeren Tauben als den, der nicht hören will. Und es gibt keinen schlimmeren Verrückten als den, der nicht verstehen will.«

Wir sind so blind und wir zahlen einen hohen Preis dafür. Doch wenn wir die Augen öffnen und das Leben so sehen, wie es ist, können wir eine Menge emotionaler Schmerzen vermeiden. Das bedeutet nicht, dass wir kein Risiko eingehen. Wir sind lebendig und wir müssen Risiken eingehen, und wenn wir versagen – na und? Wen kümmert es? Es macht überhaupt nichts. Wir lernen und wir gehen weiter, ohne irgendjemanden zu verurteilen.

Wir müssen niemanden verurteilen, wir müssen niemanden beschuldigen, auch nicht uns selbst. Wir müssen einfach nur unsere Wahrheit akzeptieren und die Absicht haben, einen neuen Anfang zu wagen. Wenn wir uns so sehen können, wie wir sind, dann ist dies der erste Schritt auf dem Weg zur Selbstannahme – und zur Beendigung unserer Selbstablehnung. Wenn wir erst einmal in der Lage sind, uns so zu akzeptieren, wie wir sind, kann sich von dem Augenblick an alles ändern.

Jeder hat seinen Preis, und das Leben respektiert diesen Preis. Doch dieser Preis wird nicht in Euro oder Gold gemessen, sondern nur in Liebe. Mehr noch, er wird in Selbstliebe gemessen. Wie sehr Sie sich selbst lieben – das ist Ihr Preis, und das Leben respektiert diesen Preis. Wenn Sie sich selbst lieben, ist Ihr Preis sehr hoch, was bedeutet, dass Ihre Toleranz gegenüber Selbstmissbrauch äußerst gering ist. Sie ist deswegen so gering, weil Sie sich respektieren. Sie mögen sich so, wie Sie sind, und das erhöht Ihren Preis. Wenn Sie bestimmte Seiten Ihres Wesens nicht mögen, dann verringert das den Preis ein wenig.

Manchmal ist die Selbstverurteilung so stark, dass

Menschen gefühllos sein müssen, nur um ihre eigene Gesellschaft ertragen zu können. Wenn Sie einen Menschen nicht mögen, können Sie weggehen und ihn zurücklassen. Wenn Sie eine Gruppe von Menschen nicht mögen, können Sie das Gleiche tun. Doch wenn Sie sich selbst nicht mögen, ist es egal, wohin Sie gehen, Sie können sich nicht entkommen. Um zu vermeiden, Ihre eigene Gesellschaft aushalten zu müssen, brauchen Sie etwas, das Sie empfindungslos macht und Ihren Verstand ablenkt. Vielleicht wird ein wenig Alkohol helfen oder ein paar Drogen. Vielleicht wird essen helfen – einfach nur essen, essen, essen. Der Selbstmissbrauch kann jedoch noch schlimmere Formen annehmen. Es gibt Menschen, die einen echten Hass auf sich selbst empfinden. Sie sind selbstzerstörerisch und bringen sich allmählich um, weil sie nicht den Mut haben, sich auf einen Schlag umzubringen.

Wenn Sie selbstzerstörerische Menschen beobachten, werden Sie sehen, dass Sie Personen anziehen, die genauso veranlagt sind. Was tun wir, wenn wir uns selbst nicht mögen? Wir versuchen, uns mit Alkohol zu betäuben, um unser Leid zu vergessen. Das ist die Entschuldigung, die wir benutzen. Wo werden wir Alkohol bekommen? Wir gehen in eine Bar, um zu trinken, und raten Sie mal, wen wir da treffen? Menschen, die genauso sind wie wir, die ebenso wie wir versuchen, sich selbst aus dem Weg zu gehen, die ebenso versuchen, sich zu betäuben. Wir betäuben uns gemeinsam, wir fangen an, über unser Leid zu klagen, und wir verstehen einander sehr gut. Wir beginnen sogar, die Situation zu genießen. Wir verstehen einander vollkommen, da wir auf der gleichen Frequenz schwingen. Wir sind beide selbstzerstörerisch. Dann tue ich Ihnen weh und Sie tun mir weh – eine perfekte Beziehung der Hölle.

Was passiert, wenn Sie sich ändern? Aus welchem Grund auch immer, Sie brauchen nicht mehr länger Alkohol. Sie sind in der Lage, mit sich allein zu sein, und Sie genießen es sogar. Sie trinken nicht mehr, doch Sie haben noch dieselben Freunde, und sie trinken alle. Sie betäuben sich, sie fangen an, sich glücklich zu fühlen, doch Sie können deutlich sehen, dass ihr Glück nicht echt ist. Was sie Glück nennen, ist eine Rebellion gegen ihre eigenen emotionalen Schmerzen. In diesem »Glück« sind sie so verletzt, dass es ihnen Vergnügen bereitet, andere Menschen und sich selbst zu verletzen.

Sie gehören nicht mehr dazu und natürlich lehnen Ihre ehemaligen Freunde Sie ab, weil Sie nicht mehr so denken wie sie. Sie sagen: »Du lehnst mich ab, weil du nicht mehr länger mit mir trinkst, weil du nicht mehr länger mit mir Drogen nimmst.« Jetzt müssen Sie eine Entscheidung treffen: Sie können einen Schritt zurück tun, oder Sie können sich auf eine andere Frequenz begeben und Menschen kennen lernen, die sich selbst genauso akzeptieren, wie Sie es tun. Sie stellen fest, dass es noch eine andere Ebene der Realität gibt, eine neue Art von Beziehung, und Sie sind nicht länger bereit, gewisse Formen des Missbrauchs zu akzeptieren.

8

*Sex: »Der schlimmste Dämon
in der Hölle«*

WENN WIR DIE MENSCHEN AUS DER SCHÖPFUNG des
Universums herausnehmen könnten, würden wir
sehen, dass die ganze Schöpfung – die Sterne, der
Mond, die Pflanzen, die Tiere, eben alles – perfekt
ist, so wie sie ist. Das Leben braucht keine Rechtfertigung oder Beurteilung. Ohne uns Menschen wird
es einfach so weiterbestehen, wie es ist. Wenn Sie
nun Menschen in diese Schöpfung einfügen und

ihnen die Fähigkeit zum Urteilen nehmen, werden Sie feststellen, dass wir genauso sind wie der Rest der Natur. Wir sind weder gut noch schlecht, weder richtig noch falsch. Wir sind einfach so, wie wir sind.

Im Traum des Planeten verspüren wir das Bedürfnis, alles zu rechtfertigen – es als gut oder schlecht, richtig oder falsch zu bezeichnen, wobei es doch einfach nur ist, wie es ist. Wir sammeln eine Menge Wissen an: Wir lernen alle möglichen Glaubenssätze, Moralbegriffe und Regeln von unserer Familie, Gesellschaft, Religion und wir gründen den größten Teil unseres Verhaltens, den größten Teil unserer Gefühle auf dieses Wissen. Wir erschaffen Engel und Dämonen und unweigerlich wird Sexualität zum schlimmsten Dämon der Hölle. Sex ist die größte Sünde der Menschen, wo doch der menschliche Körper für die Sexualität gemacht ist.

Sie sind ein biologisches, sexuelles Wesen und daran ist nicht zu rütteln, das ist einfach eine Tatsache. Ihr Körper ist unendlich weise. All diese Intelligenz befindet sich in den Genen, in der so genannten DNA. Die DNA hat nicht das Bedürfnis, alles zu verstehen oder zu rechtfertigen – sie *weiß* einfach. Das Problem ist nicht die Sexualität. Das Problem ist die Art und Weise, wie wir dieses Wissen, unsere Ansichten und Urteile, manipulieren, obwohl es in Wahrheit nichts gibt, das gerechtfertigt und manipuliert werden muss. Es ist schwer für den Verstand, sich unterzuordnen, zu akzeptieren, dass es eben so ist, wie es ist. Wir haben uns eine Reihe von Glaubenssätzen darüber angeeignet, was Sexualität sein sollte, was Beziehungen sein sollten, und diese Glaubenssätze sind völlig verzerrt.

In der Hölle zahlen wir einen hohen Preis für eine sexuelle Begegnung, doch der Instinkt ist so überwältigend, dass wir es trotzdem tun. Danach haben wir all die Schuld, all die Scham. Wir hören ständig den Klatsch und Tratsch über Sex: »Schau dir an, was diese Frau tut, oh oh! Schau dir diesen Mann an.« Wir haben eine genaue Vorstellung davon, was eine Frau sein sollte, was ein Mann sein sollte, wie sich eine Frau sexuell verhalten sollte und wie ein Mann sich sexuell verhalten sollte. Männer sind immer zu machomäßig oder zu verweichlicht, je nachdem, wer urteilt. Frauen sind immer zu dünn oder zu dick. Wir haben alle diese Glaubenssätze darüber, wie eine Frau sein sollte, um als schön zu gelten. Sie müssen die richtige Kleidung kaufen, das richtige Image erschaffen, damit Sie verführerisch sein und diesem Bild der Frau entsprechen können. Wenn Sie diesem Image der Schönheit nicht entsprechen, wachsen Sie in dem Glauben heran, dass Sie nichts wert sind, dass Sie niemand mögen wird.

Wir glauben so viele Lügen über Sex, dass wir ihn

gar nicht mehr genießen können. Sex ist etwas für Tiere. Sex ist schlecht. Wir sollten uns schämen, sexuelle Gefühle zu haben. Diese Regeln hinsichtlich der Sexualität richten sich total gegen die Natur, sie sind nichts als ein Traum, aber wir glauben daran. Doch Ihre wahre Natur zeigt sich und sie stimmt nicht mit diesen Regeln überein. Daher sind Sie schuldig. Sie sind nicht, was Sie sein sollten. Sie werden verurteilt, Sie werden schikaniert. Sie bestrafen sich selbst und das ist nicht fair. Dieses Verhalten lässt Wunden entstehen, die sich mit emotionalem Gift infizieren.

Der Verstand spielt dieses Spiel, doch der Körper kümmert sich nicht darum, was der Verstand glaubt – er empfindet einfach sexuelle Bedürfnisse. Zu bestimmten Zeiten in unserem Leben können wir es nicht verhindern, sexuelle Anziehung zu verspüren. Das ist völlig normal, es stellt nicht im entferntesten ein Problem dar. Der Körper wird sexuelle Empfindungen verspüren, wenn er erregt ist, wenn er berührt wird, wenn er visuell stimuliert wird, wenn er die Möglichkeit zum Sex sieht. Er kann in einem Moment sexuell erregt sein und ein paar Minuten später nicht mehr. Und wenn die Erregung vorbei ist, empfindet der Körper kein Bedürfnis mehr nach Sex. Doch der Verstand ist eine andere Geschichte.

Nehmen wir an, Sie sind verheiratet und wurden katholisch erzogen. Sie haben alle diese Vorstellungen darüber, wie oder was Sex sein sollte – darüber, was gut ist und was schlecht, was richtig und was falsch, was eine Sünde ist und was man akzeptieren kann. Sie müssen einen Vertrag unterzeichnen, um Sex akzeptabel zu machen. Falls Sie den Vertrag nicht unterzeichnen, ist Sex eine Sünde. Sie haben ihr Wort gegeben, treu zu sein, doch eines Tages gehen Sie die Straße entlang und ein Mann läuft Ihnen über den Weg. Sie spüren eine starke Anziehung, der *Körper* spürt die Anziehung. Das ist weiter kein Problem, denn es bedeutet nicht, dass sie etwas unternehmen werden, doch Sie können das Gefühl nicht vermeiden, da es völlig normal ist. Wenn die Erregung vorbei ist, entspannt der Körper sich, doch der Verstand hat das Bedürfnis zu rechtfertigen, was der Körper fühlt.

Der Verstand *weiß*, und das ist das Problem. Ihr Verstand weiß, *Sie* wissen, doch was genau ist es, was Sie wissen? Sie wissen, was Sie glauben. Es spielt keine Rolle, ob es gut oder schlecht ist, richtig oder falsch, korrekt oder nicht korrekt. Sie wurden in dem Glauben erzogen, dass diese Empfindung schlecht ist, und sofort urteilen Sie. Jetzt beginnen das Drama und der Konflikt.

Später denken Sie an jenen Mann und allein der Gedanke an ihn bringt Ihre Hormone wieder in Aufruhr. Aufgrund der machtvollen Erinnerung in Ihrem Kopf ist es, als ob Ihr Körper ihn wieder sieht. Der

Körper reagiert, weil der Verstand an den Mann denkt. Könnte der Verstand den Körper in Ruhe lassen, würde diese Reaktion verschwinden, so als sei sie nie passiert. Doch der Verstand erinnert sich daran, und weil Sie wissen, dass Ihr Gefühl nicht angebracht ist, fangen Sie an, sich selbst zu verurteilen. Der Kopf sagt, es ist nicht gut, und versucht, das zu unterdrücken, was Sie fühlen. Wenn Sie versuchen, Ihren Verstand zu unterdrücken, was glauben Sie, was passiert? Sie denken noch mehr daran. Dann sehen Sie diesen Mann wieder, und selbst wenn es sich um eine völlig andere Situation handelt, reagiert Ihr Körper noch stärker als beim ersten Mal.

Wenn Sie sich von vornherein jeglichen Urteils enthalten hätten, würden Sie beim zweiten Mal vielleicht nicht die geringste Reaktion verspüren. Doch jetzt sehen Sie den Mann, Sie fühlen sich sexuell von ihm angezogen und verurteilen diese Gefühle, während Sie denken: »O mein Gott, das darf nicht sein. Ich bin eine verdorbene Frau.« Sie müssen bestraft werden, Sie sind schuldig, Ihr Weg führt unaufhaltsam ins Verderben – und völlig umsonst, da sich alles nur in Ihrem Kopf abspielt. Unter Umständen nimmt dieser Mann nicht einmal wahr, dass Sie existieren. Sie fangen an, sich die ganze Angelegenheit auszumalen, Sie stellen Vermutungen auf und Sie merken, wie Sie ihn immer mehr begehren. Aus irgendeinem

Grund treffen Sie den Mann wieder. Sie reden mit ihm und sind völlig verzaubert. Das Ganze wird zu einer Besessenheit. Es ist sehr erregend, doch Sie haben Angst.

Dann machen Sie Liebe mit ihm und es ist gleichzeitig das Herrlichste und das Schlimmste, was Sie je erlebt haben. Jetzt müssen Sie aber wirklich bestraft werden. »Welche Art von Frau würde zulassen, dass ihre sexuellen Wünsche stärker sind als ihre Moral?« Sie wissen, welche Spielchen der Verstand jetzt spielen wird. Sie leiden, doch Sie versuchen, Ihre Gefühle zu verleugnen. Sie versuchen, Ihre Handlungen zu rechtfertigen, um den emotionalen Schmerz zu vermeiden, und denken im Stillen: »Nun, mein Ehemann macht wahrscheinlich genau dasselbe.«

Die Anziehung wird immer stärker, doch das liegt nicht an Ihrem Körper, es liegt daran, dass der Verstand ein Spiel spielt. Die Angst, die Sie hinsichtlich Ihrer sexuellen Anziehung verspüren, wird zu einer Obsession, wird immer stärker. Wenn Sie mit diesem Mann Liebe machen, ist das ein wunderbares Erlebnis, doch nicht, weil er so wunderbar ist, und auch nicht, weil der Sex so wunderbar ist, sondern weil all die Spannung, all die Angst gelöst wird. Um sie wieder aufzubauen, macht Ihr Verstand Ihnen vor, dass der Mann der Auslöser für diese herrlichen Gefühle ist, doch dem ist nicht so.

Das Drama nimmt immer größere Ausmaße an, dabei ist es nichts anderes als ein einfaches, psychisches Spiel. Es hat nichts mit der Wahrheit zu tun. Auch ist es keine Liebe, da diese Art von Beziehung sehr destruktiv wird. Sie ist selbstzerstörerisch, weil Sie sie verletzt, und zwar am meisten im Bereich Ihrer Glaubenssätze. Es spielt keine Rolle, ob Ihre Überzeugung richtig oder falsch, gut oder schlecht ist, Sie zerstören das, woran Sie glauben. Das ist zwar etwas, was wir tun möchten, doch so, wie es ein spiritueller Krieger tun würde, und nicht wie ein Opfer. Jetzt werden Sie mit dieser Erfahrung noch tiefer in die Hölle hinabgestoßen, anstatt ihr zu entkommen.

Ihr Verstand und Ihr Körper haben völlig unterschiedliche Bedürfnisse, doch Ihr Verstand hat die Kontrolle über Ihren Körper. Ihr Körper hat Bedürfnisse, die nicht umgangen werden können und die man befriedigen muss: das Bedürfnis nach Nahrung, nach Wasser und Schutz, nach Schlaf und Sexualität. Alle diese Bedürfnisse Ihres Körpers sind völlig normal und es ist so einfach, sie zu erfüllen. Das Problem besteht darin, dass der Verstand sagt, dies sind *meine* Bedürfnisse.

In unserem Kopf erschaffen wir ein umfassendes

Bild in dieser Seifenblase der Illusion, und der Verstand nimmt die Verantwortung für alles auf sich. Der Verstand glaubt, dass er ein Verlangen hat, sei es nach Nahrung, nach Wasser, nach Schutz, nach Kleidung oder nach Sex. Doch in Wahrheit hat er überhaupt keine Bedürfnisse, keine physischen zumindest. Der Kopf braucht keine Nahrung, keinen Sauerstoff, er braucht kein Wasser und er braucht absolut keinen Sex. Wie können wir wissen, dass es sich wirklich so verhält? Wenn Ihr Kopf sagt: »Ich brauche Nahrung«, dann essen Sie. Wenn der Körper zufrieden gestellt ist, denkt Ihr Kopf noch immer, dass er Nahrung braucht. Also essen Sie mehr und mehr, aber Sie sind nicht in der Lage, Ihren Verstand durch Nahrung zu befriedigen, weil dieses Bedürfnis nicht real ist.

Das Bedürfnis, Ihren Körper zu bedecken, ist ein anderes Beispiel. Ja, Ihr Körper muss bedeckt werden, weil der Wind zu kalt oder die Sonne zu heiss ist, doch ist es Ihr Körper, der das Bedürfnis hat, und es ist sehr einfach, dieses Bedürfnis zu erfüllen. Wenn das Bedürfnis im Kopf ist, dann können Sie tonnenweise Kleidung besitzen und der Kopf braucht immer noch mehr Kleider. Sie öffnen den Schrank und er ist voller Kleidungsstücke, doch Ihr Verstand ist nicht zufrieden. Was sagt er? »Ich habe nichts anzuziehen.«

Der Verstand braucht ein anderes Auto, mehr Ferien, ein Gästehaus für Ihre Freunde – alle diese Bedürfnisse, die Sie nie vollständig befriedigen können, befinden sich in Ihrem Kopf. Und mit Sex ist es genau dasselbe. Wenn das Bedürfnis im Kopf angesiedelt ist, dann befindet sich dort gleichzeitig das Urteilen, das ganze Wissen, das Sie sich im Laufe der Zeit angeeignet haben. Dies macht den Umgang mit der Sexualität so problematisch. Der Geist braucht keinen Sex. Was er wirklich braucht, ist Liebe, nicht Sex. Mehr noch als Ihr Geist ist es Ihre Seele, die Liebe braucht, denn Ihr Geist kann mit Angst überleben. Angst ist auch eine Energie und sie ist Nahrung für den Verstand – nicht unbedingt die Nahrung, die Sie sich wünschen sollten, doch sie erfüllt ihre Aufgabe.

Wir müssen den Körper von der Tyrannei befreien, die der Verstand ausübt. Wenn wir im Kopf nicht länger das Verlangen nach Nahrung oder nach Sex verspüren, dann wird alles so einfach. Der erste Schritt besteht darin, die Bedürfnisse in zwei Kategorien zu unterteilen: Dies sind die Bedürfnisse des Körpers, dies sind die Bedürfnisse des Geistes.

Der Verstand verwechselt die Bedürfnisse des Körpers mit seinen eigenen, weil der Verstand wissen muss: *Was bin ich?* Wir leben in einer Welt der Illusion und wir haben keine Ahnung, was wir sind. Im

Kopf entstehen alle diese Fragen. *Was bin ich?* wird zum größten Mysterium, und jede Antwort befriedigt das Bedürfnis, sich sicher zu fühlen. Der Kopf sagt »Ich bin der Körper. Ich bin, was ich sehe. Ich bin, was ich denke. Ich bin, was ich fühle. Ich habe Schmerzen. Ich blute.«

Die Affinität zwischen dem Verstand und dem Körper ist so groß, dass der Verstand glaubt: »Ich bin der Körper.« Der Körper hat ein Bedürfnis und der Kopf sagt: »Ich brauche.« Der Verstand nimmt alles über den Körper persönlich, weil er zu verstehen versucht: *Was bin ich?* Daher ist es völlig normal, dass der Verstand an einem gewissen Punkt beginnt, die Kontrolle über den Körper zu gewinnen. Und so leben Sie dahin, bis etwas geschieht, das Sie aufrüttelt und Ihnen erlaubt zu sehen, was Sie *nicht* sind.

Sie werden sich dessen zunehmend bewusst, wenn Sie sehen, was Sie nicht sind – wenn Ihr Geist zu realisieren beginnt, dass er nicht der Körper ist. Ihr Kopf sagt: »Was bin ich dann? Bin ich die Hand? Wenn ich meine Hand abtrenne, bin ich immer noch ich. Also bin ich nicht die Hand.« Sie nehmen das weg, was Sie nicht sind, bis zum Schluss nur noch das bleibt, was Sie wirklich sind. Es ist ein langwieriger Prozess für den Geist, seine eigene Identität herauszufinden. Im Laufe dieses Prozesses lassen Sie Ihre persönliche Geschichte los, alles das, was Ihnen ein

Gefühl der Sicherheit gibt, bis Sie schließlich verstehen, wer und was Sie in Wahrheit sind.

Sie stellen fest, dass Sie nicht sind, was Sie zu sein glaubten, da Sie Ihre Glaubenssätze und Überzeugungen nicht bewusst gewählt haben. Diese Glaubenssätze waren bereits da, als Sie geboren wurden. Weiter finden Sie heraus, dass Sie auch nicht Ihr Körper sind, da Sie am Anfang ohne Ihren Körper funktionieren. Sie beginnen zu begreifen, dass Sie weder der Traum noch der Verstand sind. Wenn Sie tiefer gehen, werden Sie bemerken, dass Sie auch nicht Ihre Seele sind. Sie stellen fest, dass Sie eine *Kraft* sind – eine Kraft, die es Ihrem Körper ermöglicht zu leben, eine Kraft, die es Ihrem Geist ermöglicht zu träumen.

Ohne Sie, ohne diese Kraft, würde Ihr Körper leblos zu Boden sinken. Ohne Sie würde sich Ihr ganzer Traum in Nichts auflösen. Was Sie in Wahrheit sind, ist diese Kraft, die das *Leben* ist. Wenn Sie einem Menschen, der Ihnen nahe steht, in die Augen schauen, werden Sie in ihnen das Selbst-Bewusstsein, die Manifestation des Lebens leuchten sehen. Das Leben ist nicht der Körper, es ist nicht der Geist oder der Verstand, es ist nicht die Seele. Das Leben ist eine Kraft. Durch diese Kraft wird ein neugeborenes Baby zum Kind, zum Teenager, zum Erwachsenen. Es pflanzt sich fort und wird alt. Wenn das Leben schließlich den Körper verlässt, zersetzt er sich und verwandelt sich in Staub.

Sie sind Leben, das durch Ihren Körper fließt, durch Ihren Geist, durch Ihre Seele. Haben Sie das erst einmal herausgefunden – nicht mit der Logik, nicht mit dem Intellekt, sondern weil Sie dieses Leben *fühlen* können – stellen Sie fest, dass Sie die Kraft sind, die dafür sorgt, dass die Blumen sich öffnen und schließen, die die Kolibris von Blume zu Blume fliegen lässt. Sie stellen fest, dass Sie in jedem Tier sind, in jeder Pflanze und in jedem Stein. Sie sind jene Kraft, die den Wind bewegt und die durch Ihren Körper atmet. Das ganze Universum ist ein lebendiges Wesen, das durch diese Kraft bewegt wird, und das ist es, was Sie sind. *Sie sind das Leben.*

9

Die göttliche Jägerin

IN DER GRIECHISCHEN MYTHOLOGIE GIBT ES EINE GE-
SCHICHTE über Artemis, die göttliche Jägerin. Arte-
mis galt als die beste Jägerin, da die Art, wie sie jag-
te, mühelos war. Sie befriedigte problemlos ihre
Bedürfnisse und lebte in perfekter Harmonie mit dem
Wald. Jedes Wesen im Wald liebte Artemis, und von
ihr gejagt zu werden war eine Ehre. Es hatte nie den
Anschein, als jagte sie – alles, was sie brauchte, kam

zu ihr. Das ist der Grund, warum sie die beste Jägerin war, doch gleichzeitig wurde sie dadurch zu einer Beute, die nur unter größten Schwierigkeiten erlegt werden konnte. In ihrer Tierform erschien sie als ein magisches Reh, das beinahe unmöglich zu jagen war.

Artemis lebte in perfekter Harmonie mit den Wesen des Waldes, bis ein König eines Tages Herkules, dem Sohn des Zeus, der auf der Suche nach seiner eigenen Transzendenz war, einen Befehl erteilte. Der Befehl besagte, dass Herkules das magische Reh Artemis jagen sollte. Herkules, der unbesiegte Sohn des Zeus, verweigerte sich dem Befehl nicht. Er ging in den Wald, um das Reh zu jagen. Es sah Herkules und hatte keine Angst vor ihm. Artemis in Gestalt des Wildes ließ Herkules näher kommen, doch als er versuchte, sie einzufangen, lief sie davon. Es war unmöglich für Herkules, dieses Reh einzufangen, es sei denn, er würde dafür sorgen, ein besserer Jäger als Artemis zu werden.

Herkules rief Hermes herbei, den schnellsten der Götterboten, damit dieser ihm seine Flügel leihe. Jetzt war Herkules so schnell wie Hermes, und es dauerte nicht lange und er hielt die kostbarste Beute von allen in Händen. Sie können sich die Reaktion von Artemis vorstellen. Als Herkules sie wieder gehen ließ, wollte sie sich natürlich dafür rächen. Sie wollte ihrerseits Herkules jagen und sie tat ihr Bestes, doch jetzt war dieser die schwierigste Beute. Er war so frei und ungreifbar, und obwohl Artemis es immer wieder versuchte, konnte sie ihn nicht einfangen.

Artemis brauchte Herkules nicht im Geringsten. Sie verspürte zwar ein starkes Bedürfnis, ihn zu besitzen, doch natürlich war dieses Gefühl nur eine Illusion. Sie glaubte, in Herkules verliebt zu sein, und wollte ihn für sich haben. Sie dachte nur noch daran, wie sie sich Herkules zu eigen machen konnte, und dieser Drang wurde zu einer derartigen Besessenheit, dass sie nicht mehr glücklich war. Eine Veränderung ging mit Artemis vor. Sie befand sich nicht länger in Harmonie mit dem Wald, denn jetzt jagte sie nur noch um des Vergnügens willen, das ihr das Einfangen der Beute bereitete. Artemis brach ihre eigenen Regeln und wurde zur Räuberin. Die Tiere hatten Angst vor ihr und der Wald begann, sie zurückzuweisen, doch Artemis war das egal. Sie sah die Wahrheit nicht. Das Einzige, was sie beschäftigte, war der Gedanke an Herkules.

Herkules hatte viele Aufgaben zu erledigen, doch manchmal ging er in den Wald, um Artemis zu besuchen. Diese tat jedes Mal alles, was sie konnte, um ihn zu fangen. Wenn sie mit Herkules zusammen war, war sie glücklich, bei ihm zu sein, doch wusste sie, dass er sie wieder verlassen würde, und das machte sie eifersüchtig und besitzergreifend. Jedes Mal, wenn

Herkules ging, litt sie und weinte. Sie hasste ihn, doch gleichzeitig liebte sie ihn.

Herkules hatte keine Ahnung, was im Kopf von Artemis vor sich ging. Er merkte nicht, dass sie ihn jagte. Er sah sich nie als ihre Beute. Herkules liebte und respektierte Artemis, doch das war nicht, was sie wollte. Artemis wollte ihn besitzen, sie wollte ihn jagen und zu ihrem Opfer machen. Natürlich merkte jeder im Wald die Veränderung, die in ihr vorging, nur sie selbst merkte es nicht. In ihrer Vorstellung war sie nach wie vor die göttliche Jägerin. Ihr war nicht bewusst, dass sie gefallen war. Ihr war nicht bewusst, dass der Himmel, den der Wald darstellte, zur Hölle geworden war, denn nach ihrem Fall kam auch der Rest der Jäger zu Fall – sie alle wurden zu Räubern.

Eines Tages nahm Hermes eine Tierform an, und genau in dem Augenblick, als Artemis Hermes töten wollte, wurde er zu einem Gott. So entdeckte sie erneut die Weisheit, die sie verloren hatte. Er ließ sie wissen, dass sie gefallen war, und in diesem Bewusstsein ging Artemis zu Herkules und bat ihn um Vergebung. Sie hatte sich zu wichtig genommen, das hatte sie zu Fall gebracht. Während sie zu Herkules sprach, erkannte sie, dass sie ihn nie gekränkt hatte, da er sich der Vorgänge in ihrem Kopf nicht bewusst gewesen war. Dann schaute sie sich im Wald um und sah, was sie diesem angetan hatte. Sie bat jede Blume und jedes Tier um Vergebung, bis die Liebe wieder von ihr Besitz ergriff. Damit war Artemis erneut zur göttlichen Jägerin geworden.

Ich erzähle diese Geschichte, um Sie wissen zu lassen, dass wir alle Jäger und dass wir alle Beute sind. Alles, was existiert, ist sowohl Jäger als auch Beute. Was ist es, das wir jagen? Wir jagen, um unsere Bedürfnisse zu erfüllen. Ich habe über die Bedürfnisse des Körpers im Gegensatz zu denen des Geistes gesprochen. Wenn der Verstand glaubt, er sei der Körper, dann sind seine Bedürfnisse nichts als Illusionen und können nicht erfüllt werden. Wenn wir jene Bedürfnisse jagen, die in unserem Verstand und daher nicht real sind, werden wir zu Räubern – wir jagen nach etwas, das wir nicht brauchen.

Die Menschen jagen nach Liebe. Wir fühlen, dass wir diese Liebe brauchen, weil wir glauben, wir besäßen keine, denn wir lieben uns nicht selbst. Wir jagen nach Liebe bei anderen Menschen, die genauso sind wie wir, und erwarten, Liebe von ihnen zu bekommen, während bei diesen Menschen die gleichen Bedingungen herrschen wie bei uns. Auch sie lieben sich selbst nicht. Wie viel Liebe können wir also von ihnen bekommen? Wir erschaffen nur ein noch größeres Bedürfnis, das nicht real ist. Wir jagen immer weiter, aber an der falschen Stelle, denn andere Menschen haben nicht die Liebe, nach der wir uns sehnen.

Als Artemis bewusst wurde, dass sie zu Fall gekommen war, kehrte sie zu sich selbst zurück. Das Gleiche gilt für jeden von uns, da unsere Situation die gleiche ist wie die von Artemis nach ihrem Fall und vor ihrer Erlösung. Wir jagen nach Liebe. Wir jagen nach Gerechtigkeit und Glück. Wir jagen nach Gott, aber Gott ist in unserem Inneren.

Die Jagd nach dem magischen Wild zeigt Ihnen, dass Sie in Ihrem eigenen Inneren jagen müssen. Sie sollten diese Geschichte stets vor Augen behalten. Wenn Sie sich an Artemis erinnern und was mit ihr geschah, werden Sie immer die Liebe in Ihrem Inneren finden. Menschen, die einander um der Liebe willen jagen, werden nie Befriedigung erlangen, sie werden nie die Liebe, die sie brauchen, in anderen Menschen finden. Es ist unser Geist, der dieses Bedürfnis spürt, doch können wir es nicht erfüllen, da es nicht existiert. *Es existiert nie.*

Die Liebe, nach der wir jagen müssen, ist in unserem eigenen Herzen, doch diese Liebe ist eine schwer zu fassende Beute. Es ist sehr schwierig, im eigenen Inneren zu jagen, um diese Liebe zu finden. Sie müssen sehr schnell sein, so schnell wie Hermes, denn alles und jedes kann Sie von Ihrem Ziel ablenken.

Alles, was Ihre Aufmerksamkeit erregt, lenkt Sie vom Erreichen Ihres Zieles ab. Wenn es Ihnen gelingt, diese kostbare Beute einzufangen, werden Sie sehen, dass die Liebe in Ihrem Herzen ungeheuer stark werden und alle Ihre Bedürfnisse erfüllen kann. Das ist für Ihr Glück von größter Wichtigkeit.

Normalerweise gehen Menschen Beziehungen als Jäger ein. Sie suchen nach dem, was sie ihrer Meinung nach brauchen, in der Hoffnung, es in der anderen Person zu finden, nur um festzustellen, dass diejenige es nicht hat. Wenn Sie ohne dieses Bedürfnis eine Beziehung eingehen, ist das eine völlig andere Geschichte.

Wie können Sie in Ihrem eigenen Inneren jagen? Um die Liebe in Ihrem Inneren einzufangen, müssen Sie vor sich selbst als Jäger und als Beute kapitulieren. In Ihrem Geist lebt sowohl der Jäger als auch die Beute. Wer ist der Jäger und wer ist die Beute? Bei normalen Menschen ist der *Parasit* der Jäger. Der Parasit weiß alles über Sie, und was der Parasit begehrt, sind die Gefühle, die aus der Angst kommen. Der Parasit ist ein Abfallfresser. Er liebt Angst und Drama. Er liebt Wut, Eifersucht und Neid. Er liebt jede Emotion, die dafür sorgt, dass Sie leiden. Der Parasit will es Ihnen heimzahlen und er will die Kontrolle haben.

Ihr Selbstmissbrauch, in Gestalt des Parasiten, jagt Sie vierundzwanzig Stunden am Tag. Er ist immer hinter Ihnen her. Durch ihn werden wir zu einer sehr leichten Beute. Er ist derjenige, der Sie missbraucht und schlecht behandelt. Er ist mehr als ein Jäger – er ist ein Räuber und er frisst Sie bei lebendigem Leibe. Die Beute, der emotionale Körper, ist jener Teil von uns, der unaufhörlich leidet, er ist jener Teil von uns, der erlöst werden will.

In der griechischen Mythologie gibt es außerdem die Geschichte von Prometheus, der an einen Fels gekettet ist. Während des Tages kommt ein Adler und frisst seine Eingeweide, während der Nacht erholt er sich. Jeden Tag erscheint der Adler und frisst erneut seine Eingeweide. Was bedeutet dieses Gleichnis? Wenn Prometheus wach ist, hat er einen physischen und einen emotionalen Körper. Der Adler ist der Parasit, der seine Eingeweide frisst. Während der Nacht hat er keinen emotionalen Körper und erholt sich. Am nächsten Morgen wird er als Nahrung für jenen Adler wiedergeboren, bis Herkules kommt, um ihn zu befreien. Herkules ist mit Jesus, Buddha oder Moses vergleichbar, der die Kette des Leidens zerbricht und den Menschen Freiheit schenkt.

Um in Ihrem Inneren zu jagen, fangen Sie an, jede Reaktion zu jagen, die Sie haben. So werden Sie eine Gewohnheit nach der anderen verändern. Dies ist ein Krieg für die Befreiung von dem Traum, der Ihr Leben kontrolliert. Es ist ein Krieg zwischen Ihnen und dem Räuber, wobei die Wahrheit in der Mitte liegt. In allen amerikanischen spirituellen Traditionen, von Kanada bis Argentinien, nennen wir uns Krieger, weil ein Krieger der Jäger ist, der sich selbst jagt. Es ist ein harter Krieg, denn es ist der Krieg gegen den Parasiten. Ein Krieger zu sein bedeutet nicht, dass Sie den Krieg gewinnen werden, doch zumindest sind Sie ein Rebell und akzeptieren nicht länger, dass der Parasit Sie bei lebendigem Leib auffrisst.

Der erste Schritt besteht darin, zum Jäger zu werden. Als Herkules auf der Suche nach Artemis in den Wald ging, war es ihm unmöglich, das Wild zu fangen. Dann ging er zu Hermes, dem höchsten Lehrer, und lernte, ein besserer Jäger zu werden. Um sich selbst zu jagen, müssen auch Sie ein besserer Jäger werden als der Parasit. Wenn der Parasit vierundzwanzig Stunden am Tag in Aktion ist, müssen auch Sie vierundzwanzig Stunden am Tag in Aktion sein. Der Parasit hat einen Vorteil: Er kennt Sie sehr gut. Sie können sich unmöglich vor ihm verstecken. Der Parasit ist die am schwersten zu fangende Beute. Er ist der Teil von Ihnen, der versucht, Ihr Verhalten vor anderen Menschen zu rechtfertigen. Er ist ihr schlimmster Richter. Er verurteilt und richtet ständig, macht Ihnen Vorwürfe und sorgt dafür, dass Sie sich schuldig fühlen.

In einer normalen Beziehung in der Hölle tut sich der Parasit Ihres Partners mit Ihrem eigenen zusammen und bekämpft Ihr wahres Selbst. Sie haben nicht nur Ihren eigenen Parasiten gegen sich, sondern auch den Ihres Partners, der sich mit Ihrem Parasiten zusammengetan hat, um dafür zu sorgen, dass Ihr Leiden ewig währt. Wenn Sie sich dieser Tatsache bewusst sind, können Sie etwas dagegen unternehmen.

Sie können mehr Mitgefühl für Ihren Partner entwickeln und ihm erlauben, sich mit seinem eigenen Parasiten auseinander zu setzen. Sie können immer dann glücklich sein, wenn Ihr Partner einen weiteren Schritt in Richtung Freiheit tut. Sie können sich bewusst machen, dass Sie in dem Moment, wo Ihr Partner wütend, traurig oder eifersüchtig wird, es nicht mit demjenigen zu tun haben, den Sie lieben. Vielmehr ist es der Parasit, der von ihm Besitz ergriffen hat.

Wenn Sie wissen, dass es den Parasiten gibt und was in Ihrem Partner vor sich geht, können Sie ihm den Raum geben, den er braucht, um mit diesem fertig zu werden. Da Sie nur für Ihre Hälfte der Beziehung verantwortlich sind, können Sie ihm erlauben, sich mit seinem eigenen persönlichen Traum auseinander zu setzen. Auf diese Weise wird es Ihnen leicht fallen, die Aktionen Ihres Partners nicht persönlich zu nehmen. Das wiederum wird eine große Hilfe für die Beziehung sein, denn nichts, was Ihr Partner tut, ist persönlich gemeint. Er ist mit seinem eigenen Müll beschäftigt. Wenn Sie seine Aktionen nicht persönlich nehmen, können Sie eine wunderbare Beziehung mit Ihrem Partner haben.

10

Mit den Augen der Liebe sehen

WENN SIE SICH IHREN KÖRPER ANSCHAUEN, finden Sie Billionen lebender Wesen, die auf Sie angewiesen sind. Jede Zelle in Ihrem Körper ist ein Lebewesen, das von Ihnen abhängt. Sie sind für alle diese Wesen verantwortlich. Für alle diese Lebewesen sind Sie Gott. Sie können ihnen geben, was sie brauchen. Sie können alle diese lebendigen Wesen lieben oder Sie können gemein zu ihnen sein.

Die Zellen in Ihrem Körper sind Ihnen gegenüber vollkommen loyal, so harmonisch arbeiten sie für Sie. Wir können sogar so weit gehen und sagen, dass die Zellen Ihres Körpers für Sie beten. Ihr Gott sind Sie. Das ist die absolute, unumstößliche Wahrheit. Was werden Sie jetzt mit diesem Wissen tun?

Erinnern Sie sich, der ganze Wald befand sich in vollkommener Harmonie mit Artemis. Als Artemis gefallen war, verlor sie den Respekt für den Wald und alles, was in ihm lebte. Als ihr wieder bewusst wurde, wer sie wirklich war, ging sie von einer Blume zur anderen und sagte: »Es tut mir Leid, von jetzt an werde ich wieder für dich sorgen.« Und die Beziehung zwischen Artemis und dem Wald wurde erneut zu einer Liebesbeziehung.

Der Wald ist Ihr Körper, und wenn Sie diese Wahrheit einfach anerkennen, werden Sie auch Ihrem Körper sagen: »Es tut mir Leid, von jetzt an werde ich wieder für dich sorgen.« Die Beziehung zwischen Ihnen und Ihrem Körper, zwischen Ihnen und allen jenen lebendigen Zellen, die auf Sie angewiesen sind, kann zu Ihrer schönsten Beziehung werden. Ihr Körper und alle diese lebendigen Zellen erfüllen perfekt ihre Hälfte der Beziehung, genauso wie der Hund seine Hälfte perfekt erfüllt. Die andere Hälfte ist Ihr Verstand. Ihr Körper sorgt für seine Hälfte der Beziehung, doch der Verstand ist derjenige, der den Körper schlecht behandelt, der so gemein zum Körper ist.

Schauen Sie sich nur einmal die Art und Weise an, wie Sie Ihre Katze oder Ihren Hund behandeln. Wenn Sie Ihren Körper auf die gleiche Art behandeln wie Ihr Haustier, werden Sie sehen, dass sich alles auch hier nur um Liebe dreht. Ihr Körper ist bereit, alle Liebe des Geistes zu empfangen, doch der sagt: »Nein, ich mag diesen Teil meines Körpers nicht. Schau dir meine Nase an; ich mag meine Nase nicht. Meine Ohren sind zu groß. Mein Körper ist zu dick. Meine Beine sind zu kurz.« Der Geist kann sich alle möglichen Dinge hinsichtlich des Körpers ausdenken.

Ihr Körper ist perfekt, so wie er ist, doch haben wir alle diese Konzepte darüber, was richtig oder falsch, gut oder böse, schön oder hässlich ist. Es sind nur Konzepte, doch wir glauben an sie und da liegt das Problem. Mit dem Image von Perfektion, das wir im Kopf haben, erwarten wir, dass unser Körper auf eine bestimmte Art aussieht, auf eine bestimmte Art handelt. Wir lehnen unseren eigenen Körper ab, wenngleich er uns gegenüber absolut loyal ist. Selbst wenn er aufgrund seiner Grenzen etwas Bestimmtes nicht tun kann, drängen wir ihn dazu, es zu tun, und er versucht es.

Schauen Sie, wie Sie mit Ihrem eigenen Körper umgehen. Wenn Sie ihn ablehnen, was können dann andere Menschen von Ihnen erwarten? Wenn Sie Ihren eigenen Körper akzeptieren, sind Sie in der Lage, beinahe jeden und alles zu akzeptieren. Das ist ein sehr wichtiger Punkt, wenn es um die Kunst von Beziehungen geht. Die Beziehung, die Sie zu sich selbst haben, spiegelt sich in den Beziehungen zu anderen wider. Wenn Sie Ihren eigenen Körper ablehnen, empfinden Sie Scheu, wenn Sie Ihre Liebe mit Ihrem Partner teilen wollen. Sie denken: »Schau dir meinen Körper an. Wie kann er mich lieben, wenn ich einen solchen Körper habe?« Dann lehnen Sie sich selbst ab und gehen von der Annahme aus, dass der andere Sie aus dem gleichen Grund ablehnen wird. Und wenn *Sie* einen anderen Menschen ablehnen, lehnen Sie ihn aus den gleichen Gründen ab, aus denen Sie sich selbst ablehnen.

Um eine Beziehung zu ermöglichen, die Ihnen das Paradies auf Erden ermöglicht, müssen Sie Ihren Körper voll und ganz akzeptieren. Sie müssen Ihren Körper lieben und ihm erlauben, frei zu sein, um einfach nur zu sein; frei zu sein, um zu geben; frei zu sein, um zu empfangen, ohne Scheu, denn »Scheu« ist nichts anderes als Angst.

Stellen Sie sich vor, wie Sie Ihren Hund streicheln. Sie sehen den Hund mit den Augen der Liebe und Sie erfreuen sich an seiner Schönheit. Es spielt keine Rolle, ob dieser Hund »wirklich« schön oder hässlich ist. Sie können in Ekstase geraten, nur weil Sie die Schönheit Ihres Hundes sehen, denn diese Schönheit hat nichts damit zu tun, dass Sie sie besitzen wollen. Schönheit ist lediglich ein Konzept, das wir gelernt haben.

Denken Sie, dass eine Schildkröte oder ein Frosch hässlich sind? Sie können einen Frosch sehen und der Frosch ist schön. Er ist sogar hinreißend schön. Sie können eine Schildkröte sehen und ihre Schönheit klar erkennen. Alles, was existiert, ist schön – alles. Doch Sie denken: »Oh, das ist aber hässlich«, weil jemand Ihnen erzählt hat, was schön und was hässlich ist, genauso wie jemand Ihnen erzählt hat, was gut und was böse ist.

Es stellt kein Problem dar, schön zu sein oder hässlich, klein oder hoch gewachsen, dünn oder dick. Es stellt kein Problem dar, hinreißend auszusehen. Wenn Sie durch eine Menschenmenge gehen und man Ihnen sagt: »Oh, wie schön Sie sind«, dann können Sie erwidern: »Danke sehr, ich weiß« und weitergehen. Es macht keinen Unterschied für Sie. Doch es wird einen Unterschied für Sie machen, wenn Sie nicht glauben, dass Sie schön sind und es Ihnen jemand sagt. Dann werden Sie antworten: »Bin ich wirklich schön?« Diese Meinung wird ihren Eindruck natürlich nicht verfehlen, was dazu führen kann, dass Sie eine leichte Beute für andere werden.

Diese Meinung von außen ist das, was Sie zu benötigen glauben, da Sie glauben, nicht schön zu sein. Erinnern Sie sich an die Geschichte von der magischen Küche? Wenn Sie alle Nahrung haben, die Sie brauchen, und jemand fragt Sie, ob Sie bereit seien, sich mittels Nahrung von ihm kontrollieren zu lassen, werden Sie antowrten: »Nein, vielen Dank.« Wenn Sie schön sein wollen, aber nicht glauben, dass Sie es sind, und jemand sagt zu Ihnen: »Ich werde dir immer sagen, wie schön du bist, wenn du dich von mir kontrollieren lässt«, werden Sie antworten: »O ja, bitte sag mir, dass ich schön bin.« Sie werden zulassen, dass es geschieht, weil Sie glauben, diese Meinung des anderen zu brauchen.

Doch in Wahrheit sind alle diese Meinungen und Ansichten anderer Menschen nicht wichtig, sondern nur Ihre eigenen. Sie sind schön, was immer Ihnen Ihr Kopf auch sagen mag. Das ist eine Tatsache. Sie müssen nichts tun, um schön zu werden, da Sie bereits alle Schönheit haben, die Sie brauchen. Um schön zu sein, müssen Sie keinem anderen Menschen gegenüber irgendwelche Verpflichtungen eingehen. Andere sind frei zu sehen, was immer sie sehen wollen. Wenn andere Sie sehen und urteilen, dass Sie schön oder nicht schön sind, dann haben diese Meinungen keinerlei Einfluss auf Sie, wenn Sie sich Ihrer eigenen Schönheit bewusst sind.

Vielleicht sind Sie in dem Glauben aufgewachsen, dass Sie unattraktiv sind, und Sie beneiden andere Menschen um ihre Schönheit. Um diesen Neid zu rechtfertigen, sagen Sie zum Beispiel: »Ich möchte gar nicht schön sein.« Vielleicht fürchten Sie sich sogar davor, schön zu sein. Diese Angst kann die unterschiedlichsten Ursachen haben, und sie sind bei jedem anders, doch oft ist es die Angst vor Ihrer eigenen Macht. Schöne Frauen haben Macht über Männer, und nicht nur über Männer, sondern auch über Frauen. Andere Frauen, die nicht so schön sind wie Sie, mögen Sie beneiden, da Sie die Aufmerksamkeit von Männern erregen. Wenn Sie sich auf eine bestimmte Art und Weise kleiden und alle Männer verrückt nach Ihnen sind, was werden dann die Frauen über Sie sagen? »Oh, sie ist ein leichtes Mädchen.« Sie bekommen Angst vor all diesen Urteilen, die andere über Sie fällen. Auch hierbei handelt es sich um nichts anderes als Konzepte, nichts als falsche Glaubenssätze, die Wunden im emotionalen Körper hinterlassen. Dann müssen wir natürlich diese Wunden mit Lügen und Verdrängungsmechanismen bedecken.

Neid ist auch ein Glaubensatz, der durch Wachsamkeit leicht verändert werden kann. Sie können lernen, mit dem Neid anderer Frauen oder Männer umzugehen, da in Wirklichkeit jeder von Ihnen schön ist. Der einzige Unterschied zwischen der Schönheit des einen und der des anderen ist das menschliche Konzept der Schönheit.

Schönheit ist nichts anderes als ein Konzept, nichts anderes als ein Glaubenssatz, doch können Sie daran glauben und all Ihre Macht auf dieser Schönheit aufbauen. Die Zeit vergeht und Sie stellen fest, dass Sie alt werden. Vielleicht sind Sie von Ihrem Blickwinkel aus betrachtet nicht mehr so schön, wie Sie einmal waren, und eine jüngere Frau kommt daher, die jetzt die »Schöne« ist. Zeit also für eine Schönheitsoperation, in dem Versuch, die Macht zu behalten, weil wir glauben, dass unsere Macht in unserer Schönheit liegt. Unser eigenes Älterwerden beginnt uns wehzutun. »O mein Gott, meine Schönheit schwindet. Wird mein Mann mich noch lieben, wenn ich nicht mehr so attraktiv bin? Jetzt gibt es so viele andere Frauen, die besser aussehen als ich.«

Wir widersetzen uns dem Älterwerden. Wir glauben, es bedeutet, dass wir nicht mehr schön sind. Dieser Glaube ist total falsch. Wenn Sie ein neugeborenes Baby anschauen, sehen Sie, wie schön es ist. Nun, ein alter Mensch ist genauso schön. Das Problem ist die Emotion, mit der wir das wahrnehmen, was schön ist und was nicht. Wir haben alle diese Vorurteile im Kopf, alle diese Programme, die unserem eigenen Glück Grenzen setzen und uns dazu bringen, uns selbst und andere abzulehnen. Können Sie sehen, wie wir uns mit allen diesen Glaubenssätzen selbst darauf programmieren zu versagen?

Älterwerden ist etwas Schönes, genauso wie Heranwachsen etwas Schönes ist. Wir wachsen vom Kind zum Teenager und dann zu einer jungen Frau oder einem jungen Mann heran. Alle diese Stadien sind schön. Auch eine alte Frau oder ein alter Mann zu werden ist schön. Im Leben gibt es eine gewisse Zeit, in der wir uns aktiv reproduzieren. Während dieser Jahre möchten wir sexuell anziehend sein, weil die Natur uns so geschaffen hat. Danach müssen wir von diesem Gesichtspunkt aus nicht mehr sexuell anziehend sein, doch das bedeutet nicht, dass wir nicht schön sind.

Sie sind, was Sie zu sein glauben. Sie müssen nichts anderes tun, als einfach der zu sein, der Sie sind. Sie haben das Recht, schön zu sein und Ihre Schönheit zu genießen. Sie können Ihren Körper ehren und ihn so akzeptieren, wie er ist. Es ist nicht nötig, dass jemand anderes Sie liebt. Liebe kommt aus dem eigenen Herzen. Sie lebt in unserem Inneren und ist immer da, doch mit all dem Nebel in unseren Gedanken spüren wir sie nicht. Sie können die Schönheit, die ausserhalb von Ihnen existiert, nur dann wahrnehmen, wenn Sie die Schönheit in Ihrem Inneren *fühlen*.

Sie haben eine Vorstellung davon, was schön und was hässlich ist, und wenn Sie sich selbst nicht mögen, dann können Sie Ihre Glaubenssätze ändern. Ihr ganzes Leben wird sich daraufhin ändern. Das hört sich einfach an, ist es aber nicht. Wer immer die Glaubenssätze kontrolliert, kontrolliert auch den Traum. Wenn der Träumer schließlich selbst die Kontrolle über seinen Traum erlangt, kann der Traum zu einem Meisterwerk der Kunst werden.

Sie können einen Anfang machen, indem Sie jeden Tag eine *puja* für Ihren Körper vornehmen. In Indien führen die Menschen pujas, oder Rituale, für die verschiedenen Götter und Göttinnen durch. Während der puja verneigen sie sich vor dem Idol, sie schmücken es mit Blumen und geben ihm all ihre Liebe, da diese Statuen Gott repräsentieren. Jeden Tag können Sie Ihrem eigenen Körper einen solchen Akt religiöser Liebe darbringen. Wenn Sie duschen oder ein Bad nehmen, behandeln Sie ihn mit Würde, mit Dankbarkeit, mit Respekt. Wenn Sie essen, nehmen Sie einen Bissen, schließen Sie die Augen und genießen Sie die Nahrung. Diese Nahrung ist eine Opfergabe an Ihren eigenen Körper, an den Tempel, in dem Gott wohnt. Wenn Sie dies jeden Tag tun, werden

Sie spüren, wie Ihre Liebe für Ihren Körper täglich stärker wird, und Sie werden sich nie mehr selbst ablehnen.

Stellen Sie sich einmal vor, wie Sie sich an jenem Tag fühlen werden, an dem Sie Ihren eigenen Körper bewundern. Wenn Sie sich selbst voll und ganz akzeptieren, werden Sie Ihren Körper wunderschön finden und sehr glücklich sein. Wenn Sie dann mit einem anderen Menschen eine Beziehung eingehen, liegt die Grenze Ihres Selbstmissbrauchs beinahe bei null. Dies ist Selbstliebe. Es hat nichts zu tun mit persönlicher Wichtigtuerei, denn Sie werden anderen mit der gleichen Liebe begegnen, der gleichen Ehrerbietung, dem gleichen Respekt und der gleichen Dankbarkeit, mit der Sie sich selbst behandeln. Können Sie die Perfektion in solchen Beziehungen sehen? Es hat etwas damit zu tun, Gott im anderen zu ehren.

Wenn Sie es sich zum Ziel setzen, die perfekte Beziehung zwischen Ihnen und Ihrem Körper herzustellen, lernen Sie auch, mit jedem Menschen, mit dem Sie zusammen sind, eine perfekte Beziehung zu haben, einschließlich Ihrer Mutter, Ihrer Freunde, Ihrem Geliebten, Ihren Kindern, Ihrem Hund. In dem Moment, wo Sie eine perfekte Beziehung zu Ihrem Körper haben, haben Sie gleichzeitig Ihre Hälfte jeder Beziehung mit anderen Menschen vollständig erfüllt. Sie sind hinsichtlich des Erfolgs einer Beziehung nicht mehr länger auf Unterstützung von außen angewiesen.

Wenn Sie eine *puja* mit Ihrem eigenen Körper vornehmen – wenn Sie wissen, wie Sie diese Weihehandlung für Ihren eigenen Körper zelebrieren können, und wenn Sie dann den Körper Ihres Geliebten berühren, tun Sie es mit der gleichen Hingabe und Anbetung, der gleichen Liebe, der gleichen Ehrerbietung, der gleichen Dankbarkeit. Und wenn dann Ihr Geliebter Ihren Körper berührt, ist er ohne Einschränkung offen für diese Berührungen. Es gibt keine Angst, keine Bedürfnisse – nur Liebe.

Stellen Sie sich all die Möglichkeiten vor, die Sie haben, wenn Sie Ihre Liebe auf diese Weise miteinander teilen. Sie müssen sich nicht einmal berühren. Schon der tiefe Blick in die Augen des anderen reicht aus, um die Bedürfnisse des Geistes und das Verlangen der Seele zu erfüllen. Der Körper ist bereits befriedigt, da Sie ihm all Ihre Liebe geben. Sie werden nie mehr einsam sein, da Sie von Ihrer eigenen Liebe erfüllt sind.

Wo immer Sie hinschauen, werden Sie von Liebe erfüllt sein. Sie können einen Baum sehen und fühlen, wie die Liebe des Baumes sich auf Sie überträgt. Sie können Ihren Blick zum Himmel richten und dies wird die Bedürfnisse Ihres Geistes nach Liebe erfüllen. Sie werden Gott überall erblicken, und es wird nicht mehr länger nur eine Theorie sein. *Gott ist überall. Leben ist überall.*

Alles ist aus *Liebe* gemacht, aus *Leben*. Selbst Angst ist eine Reflexion der Liebe, doch existiert Angst im Kopf, und der Geist der Menschen wird von dieser Angst kontrolliert. Unter ihrem Einfluss interpretieren wir alles entsprechend dem, was wir in unserem Geist empfinden. Wenn wir Angst haben, analysieren wir alles, was wir wahrnehmen, durch den Filter der Angst. Wenn wir wütend sind, nehmen wir alles durch den Filter des Zorns wahr. Unsere Emotionen sind wie ein Filter, durch den wir den Rest der Welt sehen.

Sie können sagen, dass die Augen ein Ausdruck dessen sind, was Sie fühlen. Sie nehmen den Traum der Welt über Ihre Augen wahr. Wenn Sie wütend sind, sehen Sie die Welt mit den Augen der Wut. Wenn Sie die Augen der Eifersucht haben, werden Ihre Reaktionen anders sein, da Sie die Welt dann durch den Filter der Eifersucht betrachten. Wenn Sie mit den Augen des Wahnsinns sehen, wird alles Sie stören. Wenn Sie mit den Augen der Traurigkeit sehen, werden Sie weinen, weil es regnet, weil jemand Lärm macht, aus jedem erdenklichen Anlass. Regen ist Regen. Da gibt es nichts zu verurteilen oder zu interpretieren, doch Sie werden die Tatsache des

Regens entsprechend der Verfassung Ihres emotionalen Körpers empfinden. Wenn Sie traurig sind, sehen Sie mit den Augen der Traurigkeit, und alles, was Sie wahrnehmen, wird traurig sein.

Doch wenn Sie mit den Augen der Liebe sehen, dann erblicken Sie überall, wo Sie hingehen, nur Liebe. Die Bäume sind mit Liebe gemacht. Die Tiere sind mit Liebe gemacht. Das Wasser ist mit Liebe gemacht. Wenn Sie die Welt mit den Augen der Liebe wahrnehmen, können Sie Ihren Willen mit dem eines anderen Träumers in Einklang bringen und Ihre beiden Träume werden zu einem Traum. Wenn Sie mit den Augen der Liebe sehen, werden Sie eins mit den Vögeln, mit der Natur, mit einem anderen Menschen, mit allem. Dann können Sie mit den Augen eines Adlers sehen oder sich in jede andere Form des Lebens verwandeln. Durch Ihre Liebe verbinden Sie sich mit dem Adler und Sie werden zu seinen Flügeln – oder Sie werden zu Regen, zu Wolken. Doch um diese Fähigkeit zu erlangen, müssen Sie Ihren Geist von Angst befreien und alles mit den Augen der Liebe wahrnehmen. Sie müssen Ihren Willen entwickeln, bis er so stark ist, dass er mit dem Willen eines anderen Lebewesens verschmelzen und *ein* Wille werden kann. Dann haben Sie Flügel und können fliegen. Oder Sie werden zum Wind, können hierhin und dorthin wehen. Sie können die Wolken beiseite schieben, damit die Sonne wieder scheint. Dies ist die Macht der Liebe.

Wenn wir die Bedürfnisse unseres Geistes und unseres Körpers erfüllen, sehen wir mit den Augen der Liebe. Wir sehen Gott überall. Wir sehen Gott sogar hinter den Parasiten anderer Menschen.

Im Inneren jedes Menschen existiert das Gelobte Land, das Moses seinem Volk versprach. Dieses Gelobte Land befindet sich im Bereich des menschlichen Geistes, doch nur dann, wenn dieser Geist bereit ist für die Liebe, denn sie ist der Wohnsitz Gottes. Wenn Sie sich den normalen menschlichen Geist anschauen, so ist auch er ein fruchtbares Land, wäre da nicht der Parasit, der die Samen von Neid, Zorn, Eifersucht und Angst sät. In der christlichen Tradition gibt es die Geschichte von Gabriel, der mit der Trompete die Wiederauferstehung ankündigt, bei der jeder Verstorbene aus seinem Grab kommt, um das Ewige Leben zu erlangen. Dieses Grab ist der Parasit, und die Wiederauferstehung ist die Rückkehr zum *Leben*, denn Sie sind nur dann wirklich lebendig, wenn Ihre Augen das *Leben* sehen können, das Liebe ist.

Sie können eine Beziehung haben, die Ihren Traum vom Himmel auf Erden erfüllt. Sie können ein Paradies erschaffen, doch Sie müssen bei sich selbst anfangen. Beginnen Sie, indem Sie Ihren Körper rückhaltlos akzeptieren. Jagen Sie den Parasiten und sorgen Sie dafür, dass er sich ergibt. Dann wird Ihr Geist Ihren Körper lieben und Ihre Fähigkeit zur Liebe nicht länger sabotieren. Es liegt in Ihrer Hand, niemand anders kann dies für Sie tun. Doch zuerst werden Sie lernen, Ihren emotionalen Körper zu heilen.

11

Den emotionalen Körper heilen

WIR WOLLEN UNS NOCH EINMAL VORSTELLEN, dass wir eine Hautkrankheit haben mit Wunden, die entzündet sind. Wenn wir die Haut heilen wollen und zu einem Arzt gehen, wird der Arzt ein Skalpell benutzen, um die Wunden zu öffnen. Dann wird er die Wunden säubern, Medizin auftragen und sie rein halten, bis sie heilen und uns nicht mehr länger Schmerzen verursachen.

Um den emotionalen Körper zu heilen, werden wir das Gleiche tun. Wir müssen die Wunden öffnen und säubern, Medizin auftragen und die Wunden sauberhalten, bis sie geheilt sind. Wie werden wir die Wunden öffnen? Wir werden die Wahrheit als Skalpell benutzen. Vor zweitausend Jahren sagte uns einer der größten Meister: »Und Ihr werdet die Wahrheit wissen, und die Wahrheit wird Euch befreien.«

Die Wahrheit ist wie ein Skalpell, weil es schmerzt, wenn wir unsere Wunden öffnen und all die Lügen aufdecken, die sich dort angesammelt haben. Die Wunden in unserem emotionalen Körper sind vom Verdrängungsmechanismus verdeckt, dem System von Lügen, das wir geschaffen haben, um sie zu schützen. Wenn wir unsere Wunden mit den Augen der Wahrheit anschauen, können wir sie endlich heilen.

Sie beginnen, indem Sie üben, sich selbst die Wahrheit zu sagen. Wenn Sie zu sich selbst ehrlich sind, beginnen Sie, alles so zu sehen, wie es ist, nicht so, wie Sie es sehen wollen. Lassen Sie uns ein Beispiel näher betrachten, das emotional stark besetzt ist: Vergewaltigung.

Nehmen wir an, dass jemand Sie vor zehn Jahren vergewaltigt hat, was zu dem Zeitpunkt die Wahrheit gewesen ist. In der Gegenwart ist dies nicht mehr länger wahr. Es handelt sich um einen Traum, und in diesem Traum hat Ihnen jemand Gewalt angetan. Sie haben nicht danach gesucht. Es war nichts Persönliches. Aus welchem Grund auch immer, es ist Ihnen widerfahren und es kann jedem widerfahren. Doch werden Sie sich aufgrund dieser Vergewaltigung für den Rest Ihres Lebens dazu verurteilen, Ihre Sexualität mit Leiden gleichzusetzen? Der Vergewaltiger verurteilt sie nicht dazu, sich so zu verhalten. Sie sind das Opfer, und wenn Sie sich selbst verurteilen und für schuldig befinden, wie viele Jahre lang werden Sie sich dann bestrafen, indem Sie etwas nicht genießen, das zu den schönsten Dingen der Welt zählt? Manchmal kann eine Vergewaltigung die Sexualität der davon Betroffenen für den Rest ihres Lebens zunichte machen. Wo ist hier die Gerechtigkeit? Sie sind nicht der Vergewaltiger, warum sollten Sie also Ihr Leben lang für etwas leiden, das Sie nicht getan haben? Sie tragen keine Schuld daran, vergewaltigt worden zu sein, doch der Richter in Ihrem Kopf kann dafür sorgen, dass Sie viele Jahre lang leiden und Ihr Leben in einem Gefühl der Scham verbringen.

Natürlich wird diese Ungerechtigkeit eine große emotionale Wunde und eine Menge emotionalen Giftes hervorrufen, das unter Umständen nur durch jahrelange Therapie neutralisiert werden kann. Die Wahrheit ist, dass Sie vergewaltigt wurden, doch es ist nicht mehr länger wahr, dass Sie unter diesem

Erlebnis leiden müssen. Das ist eine Entscheidung, die Sie treffen können.

Dies ist der erste Schritt in der Anwendung der Wahrheit als Skalpell. Sie werden feststellen, dass die Ungerechtigkeit, die die Wunde hervorgerufen hat, jetzt, in diesem Moment, nicht länger wahr ist. Sie entdecken, dass das, von dem Sie *glaubten*, es habe Sie so sehr verletzt, nie wahr gewesen ist. Und selbst wenn es damals wahr gewesen ist, so bedeutet das nicht, dass es *jetzt* wahr ist. Indem Sie die Wahrheit benutzen, öffnen Sie die Wunde und sehen die Ungerechtigkeit aus einer neuen Perspektive.

Die Wahrheit ist relativ in dieser Welt: Sie verändert sich ständig, weil wir in einer Welt der Illusionen leben. Was in diesem Augenblick wahr ist, ist es später nicht mehr. Zu einer anderen Zeit könnte es dann wieder wahr sein. Die Wahrheit in der Hölle könnte auch lediglich ein weiteres Konzept sein, eine weitere Lüge, die gegen uns verwendet werden kann. Unser eigener Verdrängungsmechanismus ist so machtvoll, dass die ganze Angelegenheit sehr kompliziert wird. Da gibt es Wahrheiten, die die Lügen verdecken, und Lügen, die die Wahrheit verdecken. Wie beim Schälen einer Zwiebel decken Sie allmählich die Wahrheit auf, bis Sie zum Schluss die Augen öffnen und feststellen, dass jeder in Ihrer Umgebung, einschließlich Sie selbst, ständig lügt.

Beinahe alles in dieser Welt der Illusion ist eine Lüge. Das ist der Grund, warum ich meine Schüler auffordere, drei Regeln zu folgen, um sehen zu können, was wahr ist. Die erste Regel lautet: *Glauben Sie mir nicht.* Sie müssen mir nicht glauben, sondern selbst denken und Entscheidungen treffen. Glauben Sie, was Sie glauben wollen, doch nur dann, wenn es Ihnen sinnvoll erscheint, wenn es Sie glücklich macht. Nur wenn es Sie zu Ihrem eigenen Erwachen führt, sollten Sie die Entscheidung treffen, mir zu glauben. Ich bin verantwortlich für das, was ich sage, doch ich bin nicht verantwortlich für das, was Sie verstehen. Jeder von uns lebt in einem vollkommen anderen Traum. Was ich sage, selbst wenn es für mich absolut wahr ist, ist nicht unbedingt wahr für Sie. Die erste Regel ist sehr einfach: *Glauben Sie mir nicht.*

Die zweite Regel ist schwieriger: *Glauben Sie sich selbst nicht.* Glauben Sie nicht alle die Lügen, die Sie sich selbst erzählen – alle jene Lügen, die Sie nie zu glauben wählten, sondern die Ihnen einprogrammiert wurden. Glauben Sie sich selbst nicht, wenn Sie sagen, dass Sie nicht gut genug sind, dass Sie nicht stark genug sind, dass Sie nicht intelligent genug sind. Glauben Sie nicht an Ihre eigenen Grenzen und Barrieren. Glauben Sie nicht, dass Sie der Liebe und des Glückes unwürdig sind. Glauben Sie nicht, dass Sie nicht schön sind. Glauben Sie nichts von dem, was Ihnen Leiden bringt. Glauben Sie nicht an Ihren eigenen Traum. Glauben Sie nicht an den Richter oder das Opfer in Ihrem Inneren. Schenken Sie der inneren Stimme keinen Glauben, die Ihnen sagt, wie dumm Sie sind, die Ihnen sagt, Sie sollten sich umbringen. Glauben Sie nichts von alledem, denn es ist nicht die Wahrheit. Öffnen Sie die Ohren, öffnen Sie Ihr Herz und hören Sie aufmerksam hin. Wenn Sie hören, dass Ihr Herz Sie zu Ihrem Glück führen kann, dann treffen Sie eine Wahl und folgen Sie ihm. Doch glauben Sie sich selbst nicht, nur weil Sie sagen, dass etwas so ist und nicht anders, denn mehr als achtzig Prozent dessen, was Sie glauben, ist eine Lüge – es ist nicht *wahr*. Die zweite Regel ist also schwierig: *Glauben Sie sich selbst nicht.*

Die Regel Nummer drei lautet: *Glauben Sie niemand anderem.* Glauben Sie anderen Menschen nicht, weil sie sowieso die ganze Zeit lügen. Wenn Sie keine emotionalen Wunden mehr haben, wenn Sie nicht das Bedürfnis verspüren, anderen Menschen zu glauben, nur um akzeptiert zu werden, sehen Sie alles klarer. Sie erkennen, ob etwas schwarz ist oder weiß, ob etwas wahr ist oder nicht. Was jetzt nicht wahr ist, kann es unter Umständen in ein paar Minuten sein. Alles verändert sich so schnell, doch wenn Sie aufmerksam sind, können Sie die Veränderung sehen. Glauben Sie anderen nicht, da sie Ihre

Einfalt ausnutzen werden, um Ihren Geist zu manipulieren. Glauben Sie niemandem, der sagt, er komme von den Plejaden und habe den Wunsch, die Welt zu retten. Schlechte Nachrichten! Wir brauchen niemanden, der hierher kommt und die Welt rettet. Die Welt braucht die Außerirdischen nicht, die von außerhalb kommen und uns retten wollen. Die Welt ist lebendig. Sie ist ein lebendiges Wesen und sie ist intelligenter als wir alle zusammen. Wenn wir glauben, dass die Welt gerettet werden muss, dann wird bald jemand daherkommen und sagen: »Hört her, es wird ein Komet kommen, und wir müssen von der Erde flüchten. Tötet euch selbst, dann werdet ihr auf den Kometen katapultiert und in den Himmel aufsteigen.« Schenken Sie diesen Mythologien keinen Glauben. Sie erschaffen Ihren eigenen Traum des Himmels, kein anderer kann es für Sie tun. Nichts als der gesunde Menschenverstand wird Sie zu Ihrem eigenen Glück führen, zu Ihrer eigenen Schöpfung. Die Regel Nummer drei ist schwierig, weil wir das Bedürfnis verspüren, anderen Menschen zu glauben. *Glauben Sie ihnen nicht.*

Glauben Sie mir nicht, glauben Sie sich selbst nicht und glauben Sie niemand anderem. Indem Sie nicht glauben, wird sich alles, was unwahr ist, in dieser Welt der Illusion in Rauch auflösen. Alles ist, was es ist. Sie müssen nichts rechtfertigen, was wahr ist:

Sie müssen es nicht erklären. Die Wahrheit braucht von niemandem Unterstützung. Ihre Lügen brauchen dagegen Ihre Hilfe. Sie müssen eine Lüge erfinden, um die erste Lüge damit zu unterstützen, und immer mehr Lügen, um die vorausgegangenen zu untermauern. Sie erschaffen eine überwältigende Struktur von Lügen, und wenn die Wahrheit ans Licht kommt, bricht das ganze Lügengebäude zusammen. Doch so ist es nun einmal. Sie müssen sich nicht schuldig fühlen, weil Sie lügen.

Die meisten der Lügen, die wir glauben, lösen sich einfach auf, wenn wir sie nicht mehr glauben. Die Unwahrheit wird den Skeptizismus nicht überleben, doch die Wahrheit wird den Skeptizismus immer überdauern. Die Wahrheit ist wahr, ob Sie es glauben oder nicht. Ihr Körper besteht aus Atomen. Niemand zwingt Sie, das zu glauben, doch ob Sie es glauben oder nicht, es ist die Wahrheit. Nur was wahr ist, wird überleben, und das bezieht sich auch auf die Vorstellungen, die Sie bezüglich Ihrer eigenen Person haben.

Wir haben gesagt, dass wir als Kinder nicht die Gelegenheit hatten zu wählen, was wir glauben wollten oder was wir nicht glauben wollten. Nun, heute ist das anders. Jetzt, wo wir erwachsen sind, haben wir die Macht, eine Wahl zu treffen. Wir können etwas glauben oder nicht glauben. Selbst wenn etwas nicht die Wahrheit ist, wir jedoch beschließen, es zu glauben, können wir das tun, einfach weil wir es *wollen*. Sie können wählen, wie Sie Ihr Leben führen möchten. Und wenn Sie sich selbst gegenüber ehrlich sind, werden Sie wissen, dass Sie immer die Freiheit haben, neue Entscheidungen zu treffen.

Wenn wir bereit sind, mit den Augen der Wahrheit zu sehen, decken wir einige der Lügen auf und öffnen die Wunden, die ihnen zugrunde liegen. Doch da ist noch das Gift im Inneren der Wunden.

Wenn wir die Wunden geöffnet haben, müssen wir sie von dem Gift, das sich dort angesammelt hat, reinigen. Wie gehen wir dabei vor? Jener große Meister gab uns die Lösung schon vor zweitausend Jahren: Vergebung. Es gibt keinen anderen Weg als den der Vergebung, um die Wunden von all dem Gift zu reinigen.

Sie müssen den Menschen vergeben, die Ihnen Schmerzen zugefügt haben, selbst wenn Sie deren Handlungen in Ihrem Kopf als unverzeihlich empfinden. Sie werden den Betreffenden nicht vergeben, weil sie Vergebung verdient haben, sondern weil Sie nicht mehr länger leiden und sich selbst Schmerzen zufügen wollen, wann immer Sie sich an das erinnern, was diejenigen Ihnen angetan haben. Es spielt keine Rolle, was andere Ihnen zugefügt haben, Sie werden ihnen vergeben, weil Sie sich nicht ständig schlecht fühlen wollen. Vergebung ist ein Akt zum Zwecke Ihrer eigenen geistigen Heilung. Sie werden vergeben, weil Sie Mitgefühl für sich selbst empfinden. Vergebung ist ein Akt der Selbstliebe.

Nehmen wir das Beispiel einer geschiedenen Frau. Stellen Sie sich vor, Sie sind zehn Jahre verheiratet gewesen, und aus irgendeinem Grund haben Sie wegen einer großen Ungerechtigkeit einen Riesenstreit mit Ihrem Ehemann. Sie lassen sich scheiden und hassen Ihren Exmann nun aus tiefstem Herzen. Wenn Sie nur seinen Namen hören, zieht sich Ihr Magen schmerzhaft zusammen und Sie möchten sich am liebsten übergeben. Das emotionale Gift ist so stark, dass Sie es nicht länger ertragen können. Sie brauchen Hilfe, also gehen Sie zu einem Therapeuten und sagen: »Ich leide so sehr. Ich bin voller Wut, Eifersucht, Neid. Was er getan hat, ist unverzeihlich. Ich hasse diesen Mann.«

Der Therapeut schaut Sie an und sagt: »Sie müssen Ihre Emotionen rauslassen; Sie müssen Ihrer Wut Ausdruck verleihen. Sie sollten sich einen riesigen Wutanfall erlauben. Nehmen Sie ein Kissen, beißen Sie in das Kissen, schlagen Sie auf das Kissen ein, und Sie werden Ihre Wut loswerden.« Dann erlauben Sie sich den größten Wutanfall Ihres Lebens und lassen alle diese Emotionen heraus. Es scheint wirklich zu funktionieren. Sie zahlen Ihrem Therapeuten zweihundert Mark und sagen: »Ich danke Ihnen sehr. Jetzt fühle ich mich viel besser.« Endlich können Sie wieder lächeln.

Sie verlassen die Praxis des Therapeuten, und raten Sie mal, wer die Straße entlangfährt? Ihr Exmann. Sobald Sie ihn sehen, kommt die gleiche Wut wieder hoch, und sogar noch schlimmer als vorher. Sie müssen wieder zum Therapeuten laufen und nochmals zweihundert Mark für einen weiteren Wutanfall zahlen. Ihre Emotionen auf diese Weise loszulassen ist nur eine vorübergehende Lösung. Sie mag ein wenig von dem Gift beseitigen und dafür sorgen, dass Sie sich eine Zeit lang besser fühlen, doch sie heilt die Wunde nicht.

Die einzige Möglichkeit, Ihre Wunden zu heilen, ist der Weg der Vergebung. Sie müssen Ihrem Exmann für die Ungerechtigkeit, die er Ihnen zugefügt hat, vergeben. Sie werden wissen, dass Sie jemandem vergeben haben, wenn Sie ihn sehen und nichts mehr fühlen. Sie werden den Namen des Betreffenden hören und keine emotionale Reaktion verspüren. Wenn Sie eine Wunde berühren können, ohne dass es Ihnen wehtut, dann wissen Sie, dass Sie wahrhaft vergeben haben. Natürlich wird es eine

Narbe geben, genau wie eine Wunde auf Ihrer Haut eine Narbe hinterlässt. Sie werden sich daran erinnern, was geschehen ist und wie Sie früher waren, doch wenn die Wunde erst einmal verheilt ist, wird sie Ihnen nicht mehr länger Schmerzen bereiten.

Vielleicht denken Sie: »Es ist leicht zu sagen, dass wir vergeben sollen. Ich habe es versucht, aber es ist mir unmöglich.« Ihnen fallen alle diese Gründe ein, alle diese Rechtfertigungen, warum Sie nicht vergeben können. Doch sie haben nichts mit der Wahrheit zu tun. Die Wahrheit ist, dass Sie nicht vergeben können, weil Sie gelernt haben, nicht zu vergeben; weil Sie es jahrelang geübt haben, nicht zu vergeben; weil Sie ein Meister im Nichtvergeben geworden sind.

Es gab eine Zeit, als wir noch Kinder waren, da war Vergebung unsere instinktive Reaktion. Bevor wir mit der Erkrankung des Geistes angesteckt wurden, war es mühelos und natürlich für uns, zu vergeben. Wir vergaben anderen meistens sofort. Wenn zwei Kinder, die zusammen spielen, anfangen, sich zu streiten, miteinander zu kämpfen und sich zu schlagen, dann weinen sie, laufen zu ihrer Mutter und rufen: »Sie hat mich gehauen!« Die eine Mutter geht und redet mit der anderen Mutter. Die beiden Mütter haben einen Riesenkrach, doch fünf Minuten später spielen die Kinder wieder zusammen, als wenn nichts geschehen wäre. Nun hassen sich die Mütter für den Rest ihres Lebens.

Es ist nicht so, dass wir lernen müssen zu vergeben, denn wir sind mit der Fähigkeit zum Verzeihen geboren worden. Doch raten sie mal, was passiert ist? Wir haben das gegenteilige Verhalten erlernt, wir haben dieses gegenteilige Verhalten praktiziert, und daher ist es heute sehr schwierig für uns zu vergeben. Wer immer uns etwas antut, der ist für uns gestorben. Das Ganze wird zu einem Krieg des Stolzes. Warum? Weil wir uns wichtiger vorkommen, wenn wir nicht vergeben. Es gibt unseren Ansichten einen Anschein größerer Wichtigkeit, wenn wir sagen können: »Was immer er tut, ich werde ihm nicht vergeben. Was er getan hat, ist unverzeihlich.«

Das wirkliche Problem hier ist der Stolz. Wegen des Stolzes, wegen der Ehre schütten wir noch mehr Öl auf die Wogen der uns zugefügten Ungerechtigkeit, um uns daran zu erinnern, dass wir nicht verzeihen können. Was glauben Sie, wer darunter leiden und immer mehr emotionales Gift ansammeln wird? *Wir selbst* werden unter allen möglichen Dingen leiden, die die Menschen in unserer Umgebung tun, selbst wenn sie überhaupt nichts mit *uns* zu tun haben.

Außerdem lernen wir zu leiden, nur um jeden zu bestrafen, der uns schlecht behandelt. Wir führen uns auf wie ein kleines Kind, das einen Wutanfall hat und Aufmerksamkeit erregen will. Ich tue mir selbst weh, nur um sagen zu können: »Schau, was ich deinetwegen alles auf mich nehme.« Es ist ein schlechter Witz, doch ist es genau das, was wir tun. Was wir wirklich sagen wollen, ist: »Gott, vergib mir«, doch wir werden nicht ein einziges Wort sagen, bis Gott kommt und uns als Erster um Vergebung bittet. Oft wissen wir nicht einmal, warum wir so wütend auf unsere Eltern, unsere Freunde, unseren Lebenspartner sind. Wir sind wütend, und wenn uns der andere aus irgendeinem Grund um Verzeihung bittet, fangen wir sofort zu weinen an und sagen: »O nein, du verzeihst mir.«

Gehen Sie und finden Sie das kleine Kind in der Ecke, das einen Wutanfall hat. Nehmen Sie Ihren Stolz und werfen Sie ihn in den Mülleimer. Sie brauchen ihn nicht. Nehmen Sie sich einfach nicht mehr so wichtig und bitten Sie um Vergebung. Vergeben Sie anderen und Sie werden sehen, welche Wunder sich in Ihrem Leben manifestieren.

Stellen Sie als Erstes eine Liste aller Menschen auf, von denen Sie glauben, dass Sie sie um Verzeihung bitten müssen. Dann tun Sie es. Selbst wenn Sie nicht genug Zeit haben, jeden einzelnen anzurufen, bitten Sie die Betreffenden in Ihren Gebeten und durch Ihre Träume um Vegebung. Zweitens, erstellen

Sie eine Liste aller Personen, die Ihnen Schmerz zugefügt haben, aller Personen, denen Sie vergeben müssen. Beginnen Sie mit Ihren Eltern, Ihren Brüdern und Schwestern, Ihren Kindern, Ihrem Ehegatten, Ihren Freunden, Ihren Liebhabern, Ihrem Hund, Ihrer Regierung und Gott.

Jetzt werden Sie anderen vergeben können, weil Sie wissen, dass all das, was man Ihnen angetan hat, nichts mit Ihnen zu tun hatte. Vergessen Sie nicht, jeder träumt seinen eigenen Traum. Die Worte und Handlungen, die Sie verletzten, sind lediglich eine Reaktion auf die Dämonen in der Seele des Betreffenden. Sein Traum spielt in der Hölle, und Sie sind ein sekundärer Charakter in diesem Traum. Wenn Ihnen dies einmal bewusst ist und Sie die Handlungen des anderen nicht persönlich nehmen, werden Mitgefühl und Verständnis Sie auf den Pfad der Vergebung führen.

Beginnen Sie mit der Vergebungsarbeit. Fangen Sie an, Vergebung zu praktizieren. Am Anfang wird es schwierig sein, doch dann wird es zur Gewohnheit. Die einzige Möglichkeit, Vergebung zu lernen, besteht darin, sie zu praktizieren. Sie üben und üben, bis Sie schließlich merken, dass Sie sich selbst vergeben können. An einem bestimmten Punkt werden Sie feststellen, dass Sie sich selbst für alle jene Wunden und all jenes Gift vergeben müssen, die Sie in

Ihrem eigenen Traum erschaffen haben. Wenn Sie sich selbst vergeben, ist dies der Anfang Ihrer Selbstannahme, aus der Ihre Selbstliebe erwachsen wird.

Unternehmen Sie einen Kraftakt und vergeben Sie sich selbst für alles, was Sie in Ihrem ganzen bisherigen Leben getan haben. Und wenn Sie an vergangene Leben glauben, vergeben Sie sich alles, von dem Sie glauben, dass Sie es in Ihren vergangenen Inkarnationen getan haben. Das Konzept von Karma ist nur wahr, weil wir daran glauben. Aufgrund unserer Glaubenssätze hinsichtlich Gut und Böse empfinden wir Scham über die Dinge, die in unseren Augen schlecht sind. Wir sprechen uns selbst schuldig, wir glauben, dass wir bestraft werden müssen, und wir bestrafen uns selbst. Wir glauben, dass das, was wir erschaffen, so schmutzig ist, dass es gereinigt werden muss. Und nur weil Sie es glauben, gilt dann: »Dein Wille geschehe.« Es ist real für Sie. Sie erschaffen Ihr Karma und Sie müssen dafür bezahlen. So machtvoll sind Sie. Es ist ganz einfach, altes Karma aufzulösen. Sie werden diesen Glauben los, indem Sie einfach aufhören, daran zu glauben – schon ist das Karma nicht mehr da. Sie müssen nicht leiden, Sie müssen für nichts bezahlen, die Vergangenheit ist vorbei. Wenn Sie sich selbst vergeben können, wird das Karma einfach verschwinden. Von diesem Moment an können Sie wieder ganz von vorne anfangen. Dann wird das Leben ein Kinderspiel, denn Vergebung ist die einzige Möglichkeit, die emotionalen Wunden zu säubern. Vergebung ist die einzige Möglichkeit, sie zu heilen.

Haben wir erst einmal die Wunden gesäubert, werden wir eine machtvolle Medizin anwenden, um den Prozess der Heilung zu beschleunigen. Natürlich kommt die Medizin von dem gleichen großen Meister: Es ist die Liebe. Liebe ist die Medizin, die den Prozess der Heilung beschleunigt. Es gibt keine andere Medizin als bedingungslose Liebe. Nicht: Ich liebe dich, *wenn*, oder ich liebe mich, *wenn*. Es gibt kein Wenn. Es gibt keine Rechtfertigung. Es gibt keine Erklärung. Es ist einfach Liebe. Lieben Sie sich selbst, lieben Sie Ihren Nächsten und lieben Sie Ihre Feinde. Dies ist einfach eine Sache des gesunden Menschenverstandes, doch können wir andere Menschen nicht lieben, bevor wir uns selbst nicht lieben. Das ist der Grund, warum wir mit Selbstliebe beginnen müssen.

Es gibt Millionen Möglichkeiten, wie Sie Ihrem Glück Ausdruck verleihen können, doch es gibt nur einen Weg, wirklich glücklich zu sein, und der besteht darin, zu lieben. Einen anderen Weg zum Glücklichsein gibt es nicht. Das ist eine Tatsache. Wenn Sie sich selbst nicht lieben, haben Sie nie die Gelegenheit, glücklich zu sein. Sie können nichts geben oder teilen, was Sie nicht haben. Wenn Sie sich selbst nicht lieben, können Sie auch niemand anderen lieben. Doch Sie können ein Verlangen nach Liebe verspüren, und wenn es jemanden gibt, der sie braucht, dann bezeichnen die Menschen das als Liebe. Doch dies hat nichts mit Liebe zu tun, vielmehr ist es ein Besitzergreifen, es ist Egoismus, es ist Kontrolle – lauter Empfindungen, die jeglichen Respekt vor dem anderen vermissen lassen. Machen Sie sich nichts vor, diese Gefühle haben nichts mit Liebe zu tun.

Die Liebe, die aus Ihrem Inneren kommt, ist der einzige Weg zum Glück. Bedingungslose Liebe zu sich selbst. Völlige Hingabe an diese Liebe für Ihre eigene Person. Dann widersetzen Sie sich nicht länger dem Leben. Sie lehnen sich nicht länger ab. Sie schleppen nicht mehr länger alle diese Schuld und Vorwürfe mit sich herum. Sie akzeptieren einfach, wer Sie sind, und akzeptieren jeden anderen genauso, wie er oder sie ist. Sie haben das Recht zu lieben, zu lächeln, glücklich zu sein, Ihre Liebe zu teilen und keine Angst davor zu haben, sie auch zu empfangen.

So sieht die Heilung aus. Drei einfache Aspekte: Wahrheit, Vergebung und Selbstliebe. Mit Hilfe dieser drei Aspekte wird die ganze Welt gesunden und aufhören, eine Irrenanstalt zu sein.

Diese drei Schlüssel für die Heilung des Geistes wurden uns von Jesus gegeben, doch ist er nicht der Einzige, der uns zeigte, wie wir an Leib und Seele gesund werden können. Buddha hat es uns gezeigt und ebenso Krishna. Viele andere Meister sind zu dem gleichen Schluss gelangt und haben uns genau dieselben Lektionen zum Lernen gegeben. Überall auf der Welt, von Japan über Mexiko und Peru bis nach Ägypten und Griechenland gab es Menschen, die geheilt wurden. Sie erkannten, dass die Krankheit im Geist der Menschen sitzt, und sie benutzten diese drei Methoden: Wahrheit, Vergebung und Selbstliebe. Wenn wir unseren Geisteszustand als eine Krankheit sehen können, werden wir feststellen, dass es eine Kur dafür gibt. Wir müssen nicht länger leiden. Wenn uns bewusst ist, dass unser Geist krank und unser emotionaler Körper verwundet ist, können auch wir geheilt werden.

Stellen Sie sich nur einmal vor, wie es wäre, wenn alle Menschen damit beginnen könnten, ehrlich zu sich selbst zu sein, wenn sie anfangen könnten, jedem zu vergeben und jeden zu lieben. Wenn alle Menschen auf diese Weise lieben würden, wären sie nicht mehr egoistisch und selbstsüchtig. Sie wären offen, um zu geben und zu empfangen, und sie würden einander nicht mehr verurteilen. Klatsch und Tratsch würden der Vergangenheit angehören und das emotionale Gift würde sich einfach auflösen.

Jetzt sprechen wir von einem völlig anderen Traum des Planeten. Er sieht nicht mehr wie der Planet Erde aus. Das ist es, was Jesus den »Himmel auf Erden«, Buddha das »Nirvana« und Moses das »Das Gelobte Land« genannt hat. Es ist ein Ort, an dem wir alle in einem Zustand der Liebe leben können, an dem wir uns für die Liebe entscheiden und unsere Aufmerksamkeit auf sie richten.

Welchen Namen Sie dem neuen Traum auch geben mögen, er ist immer noch ein Traum, genauso real oder falsch wie der Traum von der Hölle. Doch nun können Sie wählen, in welchem Traum Sie leben wollen. Nun haben Sie die Werkzeuge in der Hand, um sich selbst zu heilen. Die Frage ist: Was werden Sie mit diesen Werkzeugen tun?

12

Gott in Ihrem Inneren

SIE SELBST SIND DIE KRAFT, DIE IHREN VERSTAND und
Ihren Körper als ihr liebstes Spielzeug benutzt, um
damit zu spielen und Spaß zu haben. Das ist der
Grund, warum Sie hier sind: zu spielen und Spaß zu
haben. Wir sind mit dem Recht geboren worden,
glücklich zu sein, das Leben zu genießen. Wir sind
nicht hier, um zu leiden. Wer immer leiden möchte,
kann das gerne tun, doch wir *müssen* nicht leiden.

Warum leiden wir dann also? Weil die ganze Welt leidet und wir von der Annahme ausgehen, dass Leiden normal ist. Dann stellen wir einen Glaubenssatz auf, um damit die »Wahrheit« zu untermauern. Unsere Religionen sagen uns, dass wir hierher gekommen sind, um zu leiden, dass das Leben ein Jammertal ist. Wenn Sie leiden und Geduld haben, werden Sie nach dem Tod Ihre Belohnung bekommen. Klingt wunderbar, ist aber nicht wahr.

Wir haben das Leiden gewählt, weil wir zu leiden gelernt haben. Wenn wir weiterhin die gleichen Entscheidungen treffen, werden wir auch weiterhin leiden. Der Traum des Planeten trägt die Geschichte der Menschheit, die Evolution der Menschen, und Leiden ist das Resultat der menschlichen Evolution. Wir Menschen leiden, weil wir *wissen*. Wir wissen, was wir glauben, wir kennen alle diese Lügen, und weil wir sie nicht erfüllen können, leiden wir.

Es ist nicht wahr, dass Sie nach Ihrem Tod in die Hölle oder in den Himmel kommen. Sie leben entweder in der Hölle oder Sie leben im Himmel, und zwar hier und jetzt. Himmel und Hölle existieren nur auf der Ebene des Geistes. Wenn wir heute leiden, werden wir auch nach unserem Tod leiden, da der Geist nicht mit dem Gehirn stirbt. Der Traum setzt sich fort, und wenn unser Traum die Hölle ist, stirbt unser Gehirn, und wir träumen noch immer in derselben Hölle. Der einzige Unterschied zwischen Tot-sein und Schlafen besteht darin, dass wir aufwachen können, wenn wir schlafen, da wir ein Gehirn haben. Wenn wir tot sind, können wir nicht aufwachen, da wir kein Gehirn mehr haben, doch der Traum ist nach wie vor da.

Himmel oder Hölle finden hier und jetzt statt. Sie müssen nicht darauf warten, dass wir sterben, um sie zu erfahren. Wenn Sie die Verantwortung für Ihr eigenes Leben übernehmen, für Ihre eigenen Taten, dann liegt die Zukunft in Ihren Händen und Sie kön-nen im Himmel sein, während der Körper lebt.

Der Traum, den die meisten Menschen auf diesem Planeten erschaffen, ist offensichtlich ein Traum der Hölle. Das ist weder richtig noch falsch noch schlecht und man kann niemandem deswegen Vor-würfe machen. Können wir unseren Eltern die Schuld daran geben? Nein. Sie taten ihr Bestes, als sie Sie in Ihrer Kindheit programmierten. Ihre eigenen Eltern hatten das Gleiche mit Ihnen getan: das Beste, dessen sie fähig waren. Wenn Sie Kinder haben, wür-den auch Sie nicht wissen, was Sie anders machen sollten. Wie können Sie sich selbst da die Schuld geben? Bewusstsein zu erlangen bedeutet nicht, dass Sie jemandem Vorwürfe machen oder sich für das schuldig fühlen sollen, was Sie getan haben. Wie können wir uns Schuld oder Vorwürfe für eine Geisteskrankheit aufladen, die hochgradig ansteckend ist?

Alles, was existiert, ist perfekt. Sie sind perfekt, so wie Sie sind. Das ist die Wahrheit. Sie sind ein Meister. Selbst wenn Sie zum Meister des Zorns und der Eifersucht werden, sind Ihr Zorn und Ihre Eifersucht perfekt. Sollte Ihr Leben ein einziges großes Drama sein, so ist auch das perfekt, ist auch das schön. Sie können sich einen Film wie beispielsweise *Vom Winde verweht* anschauen und wegen all der dramatischen Ereignisse weinen. Wer sagt, dass die Hölle nicht schön ist? Selbst die Hölle ist perfekt, da es nur Perfektion gibt. Selbst wenn Sie die Hölle in Ihrem Leben träumen, sind Sie perfekt, so wie Sie sind.

Es ist nur das Wissen, das uns glauben macht, wir seien nicht perfekt. Wissen ist nicht mehr und nicht weniger als eine Beschreibung des Traumes. Der Traum ist nicht real, also ist auch das Wissen nicht real. Wo immer es herkommt, es ist nur von einem bestimmten Gesichtspunkt aus betrachtet wahr. Sobald Sie Ihren Gesichtspunkt verschieben, ist es nicht mehr real. Wir werden uns nie durch unser Wissen finden können. Letzten Endes ist es das, wonach wir streben: uns selbst zu finden, unser eigenes Leben zu leben anstatt das Leben des Parasiten – das Leben, auf das wir programmiert wurden.

Es ist nicht das Wissen, das uns den Weg zu unserem wahren Wesen zeigen wird, nur die Weisheit vermag das. Wir müssen einen Unterschied machen zwischen Wissen und Weisheit, da sie nicht das Gleiche sind. Der übliche Weg, Wissen zu benutzen, ist der, miteinander zu kommunizieren, darin übereinzustimmen, was wir wahrnehmen. Wissen ist das einzige Werkzeug, das wir zum Zwecke der Kommunikation besitzen, da die Menschen nur selten von Herz zu Herz kommunizieren. Es ist wichtig zu verstehen, wie wir es benutzen, da wir sonst zu Sklaven des Wissens werden und unsere Freiheit verlieren.

Weisheit hat nichts mit Wissen zu tun, sie hat mit Freiheit zu tun. Wenn Sie weise sind, sind Sie frei, Ihren eigenen Verstand zu benutzen und Ihr eigenes Leben zu führen, so wie Sie es wollen. Ein gesunder Geist ist frei von Parasiten. Er ist wieder so frei, wie er vor seiner Domestizierung war. Wenn Sie Ihren Geist heilen, wenn Sie sich von dem Traum befreien, sind Sie nicht mehr unschuldig, sondern weise. Sie werden in vieler Hinsicht wieder wie ein Kind, mit einem großen Unterschied: Ein Kind ist unschuldig. Das ist der Grund, warum es in die Fänge des Leidens und des Unglücks fallen kann. Derjenige, der den Traum transzendiert, ist weise. Das ist der Grund, warum er nicht mehr fallen kann, denn jetzt *weiß* er – außerdem besitzt er ein Wissen über den Traum.

Sie müssen nicht Wissen ansammeln, um weise zu

werden – jeder kann weise werden. Jeder. Wenn Sie Weisheit erlangen, wird das Leben einfach, da Sie zu dem werden, der Sie wirklich sind. Es ist schwierig zu versuchen, jemand zu sein, der Sie in Wahrheit gar nicht sind; zu versuchen, sich selbst und alle anderen zu überzeugen, dass Sie sind, was Sie nicht sind. Der Versuch, so zu sein, wie Sie nicht sind, kostet Sie Ihre ganze Energie. Der zu sein, der Sie wirklich sind, kostet Sie keinerlei Mühe.

Wenn Sie weise werden, müssen Sie nicht mehr alle jene Images benutzen, die Sie erschaffen haben. Sie müssen nicht mehr so tun, als seien Sie etwas, was Sie nicht sind. Sie akzeptieren sich so, wie Sie sind, und das völlige Akzeptieren Ihres wahren Wesens wird zum völligen Akzeptieren jedes anderen Menschen, mit dem Sie in Kontakt kommen. Sie versuchen nicht mehr, andere Menschen zu verändern oder ihnen Ihre Sichtweise aufzudrängen. Sie respektieren die Glaubenssätze und Überzeugungen der anderen. Sie akzeptieren auch Ihren Körper mit all seinen Instinkten und Ihre eigene Menschlichkeit. Es ist nichts verkehrt daran, ein Tier zu sein. Wir sind Tiere und Tiere folgen immer ihrem Instinkt. Gleichzeitig sind wir Menschen, und weil wir so intelligent sind, lernen wir, unsere Instinkte zu unterdrücken. Wir hören nicht auf das, was unser Herz sagt. Das ist der Grund, warum wir uns gegen unseren eigenen Körper richten und versuchen, die Bedürfnisse des Körpers zu unterdrücken oder zu leugnen, dass sie existieren. Dieses Verhalten ist kein Zeichen von Weisheit.

Wenn Sie weise werden, respektieren Sie Ihren Körper, Sie respektieren Ihren Geist, Sie respektieren Ihre Seele. Wenn Sie weise werden, wird Ihr Leben von Ihrem Herzen kontrolliert, nicht von Ihrem Kopf. Sie sabotieren sich nicht länger, weder Ihr eigenes Glück noch Ihre eigene Liebe. Sie tragen nicht länger Schuld und Vorwürfe mit sich herum. Sie fällen nicht länger alle diese Urteile gegen Ihre eigene Person und Sie hören auch auf, andere Menschen zu verurteilen. Von dem Moment an lösen sich alle Glaubenssätze, die Sie unglücklich machen, die Sie dazu zwingen, Ihr Leben als einen einzigen Kampf zu betrachten, die Ihr Dasein so schwierig machen, einfach in Luft auf.

Geben Sie alle jene Ideen hinsichtlich dessen, der Sie sein sollen, aber nicht sind, auf und werden Sie der, der Sie wirklich sind. Wenn Sie sich Ihrer wahren Natur ergeben, dem, was Sie in Wahrheit sind, werden Sie nicht länger leiden. Wenn Sie sich Ihrem wahren Wesen hingeben, geben Sie sich dem Leben hin, geben Sie sich Gott hin. Sobald Sie sich hingegeben haben, gibt es keine Kämpfe mehr, keine Widerstände, kein Leiden.

Da Sie weise sind, entscheiden Sie sich immer für den leichten Weg, was bedeutet, dass Sie stets Sie selbst sind. Leiden ist nichts anderes als Widerstand gegenüber Gott. Je mehr Sie sich widersetzen, desto mehr leiden Sie. So einfach ist das.

Stellen Sie sich vor, dass Sie von einem Tag zum anderen aus dem Traum erwachen und völlig gesund sind. Sie haben keine einzige Wunde mehr und alles emotionale Gift ist verschwunden. Stellen Sie sich die Freiheit vor, die Sie erlangen werden. Alles wird Sie dazu veranlassen, glücklich zu sein, nur weil Sie leben, wo immer Sie hingehen. Warum? Weil der gesunde Mensch keine Angst hat, Liebe auszudrücken. Sie haben keine Angst davor zu lieben. Stellen Sie sich vor, wie Sie Ihr Leben führen würden, wie Sie die Menschen behandeln würden, die Ihnen nahe stehen, wenn Sie nicht mehr jene Wunden und jenes emotionale Gift in Ihrem emotionalen Körper hätten.

In den Mysterienschulen überall auf der Welt wird dies das *Erwachen* genannt. Es ist so, als würden Sie eines Tages aufwachen und keine emotionalen Wunden mehr haben. Wenn Ihr emotionaler Körper frei von diesen Wunden ist, verschwinden die Grenzen und Sie beginnen, alles so zu sehen, wie es wirklich ist, nicht wie es entsprechend Ihres Glaubenssystems sein soll.

Wenn Sie die Augen öffnen und diese Wunden nicht mehr haben, werden Sie zum Skeptiker – nicht um Ihre persönliche Wichtigkeit zu verstärken, indem Sie jedem sagen, wie intelligent Sie sind, oder um sich über andere Menschen lustig zu machen, die an alle jene Lügen glauben. Nein. Wenn Sie aufwachen, werden Sie zum Skeptiker, weil Ihnen klar geworden ist, dass der Traum nicht wahr ist. Sie öffnen die Augen, Sie sind wach, und alles wird offenbar.

Wenn Sie aufwachen, ist dies ein Schritt, den Sie nicht mehr rückgängig machen können, Sie werden die Welt nie mehr auf die gleiche Weise sehen. Sie träumen immer noch – Sie können es nicht vermeiden, denn Träumen ist eine Funktion des Geistes – doch der Unterschied ist der, dass Sie wissen, dass es sich um einen Traum handelt. Aufgrund dieses Wissens können Sie ihn entweder genießen oder unter ihm leiden. Das liegt allein an Ihnen.

Das Erwachen ist einer Party mit tausenden von Menschen vergleichbar, auf der jeder betrunken ist, nur Sie nicht. Sie sind der einzige Nüchterne auf dieser Party. So sieht das Erwachen aus, denn die Wahrheit ist, dass die meisten Menschen die Welt durch ihre emotionalen Wunden wahrnehmen, durch ihr emotionales Gift. Sie sind sich nicht bewusst, dass sie in einem Traum der Hölle leben. Sie sind sich nicht bewusst, dass sie in einem Traum leben, genauso wie Fische, die im Wasser schwimmen, nicht wissen, dass sie im Wasser leben.

Wenn wir aufwachen und sehen, dass wir die einzige nüchterne Person unter lauter Betrunkenen sind, können wir Mitgefühl empfinden, da auch wir einst betrunken gewesen sind. Wir müssen niemanden verurteilen, nicht einmal Menschen, die in der Hölle leben, weil auch wir einst in der Hölle gelebt haben.

Wenn Sie aufwachen, ist Ihr Herz ein Ausdruck des Geistes, ein Ausdruck der Liebe, ein Ausdruck des Lebens. Erwachen bedeutet, dass Ihnen bewusst ist, *dass Sie Leben sind*. Wenn Ihnen bewusst ist, dass Sie die Lebenskraft sind, ist alles möglich. Wunder geschehen ständig, denn sie kommen aus dem Herzen. Das Herz befindet sich in direkter Zwiesprache mit der menschlichen Seele, und wenn das Herz spricht – selbst dann, wenn sich der Kopf widersetzt –, verändert sich etwas in Ihrem Inneren. Ihr eigenes Herz vermag das eines anderen zu öffnen und wahre Liebe kann sich entfalten.

Es gibt eine alte Geschichte aus Indien über den Gott Brahma, als er noch ganz allein war. Nichts existierte außer ihm und er langweilte sich sehr. Da beschloss

Brahma, ein Spiel zu spielen, aber es gab niemanden, mit dem er spielen konnte. Also erschuf er eine wunderschöne Göttin, Maya, zu dem alleinigen Zweck, Spaß zu haben. Sobald Maya erschaffen war und Brahma ihr den Grund ihrer Existenz erklärte, sagte sie: »Also gut, lass uns das schönste aller Spiele spielen, doch musst du tun, was ich dir sage.« Brahma war einverstanden, und indem er Mayas Anweisungen folgte, erschuf er das ganze Universum. Er erschuf die Sonne und die Sterne, den Mond und die Planeten. Dann erschuf er das Leben auf der Erde: die Tiere, die Meere, die Atmosphäre, alles.

Maya sagte: »Wie wunderbar diese Welt der Illusionen ist, die du erschaffen hast. Jetzt möchte ich, dass du eine Tierart erschaffst, die so intelligent und bewusst ist, dass sie deine Schöpfung wertschätzen kann.« Schließlich erschuf Brahma die Menschen, und nachdem er mit seiner Schöpfung fertig war, fragte er Maya, wann das Spiel denn nun beginnen würde.

»Wir fangen sofort an«, erwiderte sie. Sie nahm Brahma und zerschnitt ihn in Tausende von winzigen, kleinen Stückchen. In jeden Menschen legte sie eines dieser Stückchen und sagte: »Nun beginnt das Spiel! Ich werde dafür sorgen, dass du vergisst, wer du bist, und du wirst versuchen, dich selbst zu finden!« Maya erschuf den Traum, und bis auf den heutigen Tag versucht Brahma, sich zu erinnern, wer er ist. Brahma ist in Ihrem Inneren, und Maya hält Sie davon ab, sich zu erinnern, wer Sie sind.

Wenn Sie aus dem Traum erwachen, werden Sie wieder zu Brahma und gewinnen Ihre Göttlichkeit zurück. Wenn dann Brahma in Ihrem Inneren sagt: »Jetzt bin ich also wach. Doch was ist mit dem Rest von mir?«, wissen Sie um Mayas Trick und können die Wahrheit mit anderen teilen, die auch aufwachen werden. Wenn zwei Menschen auf der Party nüchtern sind, dann ist das sogar noch besser. Fangen Sie mit sich selbst an. Dann werden auch andere anfangen, sich zu ändern, bis der ganze Traum, die ganze Party aufgewacht ist.

Die Lehren der Inder, der Tolteken, der Christen, der Griechen – die Lehren von Gesellschaften und Kulturen überall auf der Welt – haben ihren Ursprung in ein und derselben Quelle. Sie drehen sich um die Wiedererlangung unserer Göttlichkeit und darum, Gott in unserem Inneren zu finden. Sie sprechen davon, dass man sein Herz vollkommen öffnen soll und dadurch Weisheit erlangt. Können Sie sich vorstellen, in was für einer Welt wir leben würden, wenn alle Menschen ihre Herzen öffnen und die Liebe in ihrem Inneren finden würden? Natürlich ist das möglich. Jeder kann es auf seine eigene Weise tun. Es hat nichts damit zu tun, dass wir einer vorgegebenen Idee folgen, vielmehr geht es darum, dass Sie sich selbst finden und sich auf Ihre eigene Weise ausdrücken. Das ist der Grund, warum Ihr Leben ein Kunstwerk ist. Der Begriff *Tolteke* heißt so viel wie »Künstler des Geistes«. Die Tolteken sind Menschen, die sich durch ihr Herz ausdrücken, die fähig sind zu bedingungsloser Liebe.

Sie leben durch die Macht Gottes, die die Macht des Lebens ist. Sie sind die Kraft, die Leben ist, da sie einen Verstand haben und denken, wer Sie in Wahrheit sind. Dann ist es leicht, jemand anderen zu sehen und zu sagen: »Oh, da ist Gott. Gott wird für alles die Verantwortung übernehmen. Gott wird mich erretten.« Nein. Gott ist nur gekommen, um Ihnen zu sagen – um dem Gott in Ihrem Inneren zu sagen –, dass Sie Bewusstsein erlangen sollen, dass Sie Entscheidungen treffen und den Mut aufbringen sollen, sich allen Ihren Ängsten zu stellen und sie zu überwinden, damit Sie nicht länger Angst vor der Liebe haben. Die Angst vor der Liebe ist eine der größten Ängste der Menschen. Warum? Weil im Traum des Planeten ein gebrochenes Herz bedeutet: »Armes Ich«.

Vielleicht fragen Sie sich: »Wenn wir wirklich

Leben oder Gott sind, wieso wissen wir es dann nicht?« Wir wissen es nicht, weil wir darauf programmiert sind, es nicht zu wissen. Man lehrt uns: »Du bist ein Mensch und dies sind deine Grenzen.« Dann schränken wir unsere Möglichkeiten durch unsere eigenen Ängste ein. Sie sind, was Sie glauben, das Sie sind. Menschen sind machtvolle Zauberer. Das, was Sie zu sein glauben, sind Sie auch. Und das ist Ihnen deshalb möglich, weil Sie Leben sind, Gott, Intention. Sie haben die Macht, sich zu dem zu machen, was Sie in diesem Augenblick sein wollen. Doch ist es nicht Ihr logischer Verstand, der Ihre Macht kontrolliert, sondern das, was Sie glauben.

Denn alles dreht sich um Glauben. Was immer wir glauben, beherrscht unsere Existenz, unser Leben. Das von uns erschaffene Glaubenssystem ist wie eine kleine Dose, in die wir uns selbst einsperren. Wir können ihr nicht entfliehen, da wir glauben, ihr nicht entfliehen zu können. Das ist unsere Situation. Die Menschen setzen sich ihre eigenen Grenzen, ihre eigenen Barrieren. Wir bestimmen, was menschenmöglich ist und was nicht. Und nur weil wir daran glauben, wird es für uns zur Wahrheit.

Die Prophezeiungen der Tolteken haben den Beginn einer neuen Welt vorausgesehen, einer neuen Menschheit, in der jeder die Verantwortung für seine eigenen Glaubenssätze, für sein eigenes Leben übernehmen wird. Die Zeit wird kommen, da Sie Ihr eigener Guru werden. Sie brauchen niemand anderen, der Ihnen sagt, was Gottes Wille ist. Jetzt stehen Sie Gott von Angesicht zu Angesicht gegenüber, ohne irgendeinen Mittelsmann. Sie haben nach ihm gesucht und Sie haben ihn in Ihrem eigenen Inneren gefunden. Gott ist nicht länger außerhalb von Ihnen.

Wenn Sie wissen, dass die Macht des Lebens in Ihnen wohnt, akzeptieren Sie Ihre eigene Göttlichkeit und sind gleichzeitig von Demut erfüllt, da Sie die gleiche Göttlichkeit in jedem anderen sehen. Sie erkennen, wie einfach es ist, Gott zu verstehen, weil alles, was ist, eine Manifestation Gottes darstellt. Ihr Körper wird sterben, Ihr Geist wird sich auflösen, doch Sie nicht. Sie sind unsterblich. Sie existieren über Milliarden von Jahren in verschiedenen Manifestationen, da Sie Leben sind, und Leben kann nicht sterben. Sie sind in den Bäumen, den Schmetterlingen, den Fischen, in der Luft, im Mond, in der Sonne. Wo immer Sie hingehen, Sie sind bereits dort und warten auf sich selbst.

Ihr Körper ist ein Tempel, ein lebendiger Tempel, in dem Gott wohnt. Ihr Geist ist ein lebendiger Tempel, in dem Gott wohnt. Gott lebt als Leben in Ihnen. Der Beweis, dass Gott in Ihnen lebt, ist der, dass Sie lebendig sind. Ihr Leben *ist* der Beweis. Natürlich befindet sich in Ihrem Kopf jede Menge Müll und emotionales Gift, doch Gott befindet sich dort ebenso.

Sie müssen nichts tun, um Gott zu erreichen, um Erleuchtung zu erlangen, um aufzuwachen. Es gibt niemanden, der Sie zu Gott bringen kann. Wer immer sagt, dass er Sie zu Gott bringen wird, ist ein Lügner, da Sie bereits bei Gott sind. Es gibt nur *ein* lebendiges Wesen, und ob Sie es wollen oder nicht, ob Sie sich widersetzen oder nicht, Sie sind bereits mühelos mit Gott vereint.

Das Einzige, was noch zu tun ist, besteht darin, Ihr Leben zu genießen, lebendig zu sein, Ihren emotionalen Körper zu heilen, damit Sie Ihr Leben so einrichten können, dass Sie die Liebe in Ihrem Inneren rückhaltlos teilen können.

Die ganze Welt kann Sie lieben, doch diese Liebe wird Sie nicht glücklich machen. Was Sie glücklich machen wird, ist die Liebe, die aus Ihrem eigenen Inneren kommt. Das ist die entscheidende Liebe, nicht die, die jeder andere für Sie empfindet. Ihre Liebe für jedes Lebewesen ist Ihre Hälfte – die andere Hälfte kann ein Baum sein, ein Hund, eine Wolke. Sie sind die eine Hälfte, die andere Hälfte ist das, was Sie wahrnehmen. Als Träumer sind Sie die eine Hälfte und der Traum ist die andere Hälfte.

Sie sind immer frei, zu lieben. Wenn Sie sich entscheiden, eine Beziehung einzugehen, und Ihr Partner das gleiche Spiel spielt, was für ein Geschenk! Wenn Ihre Beziehung nicht mehr in der Hölle stattfindet, werden Sie sich selbst so sehr lieben, dass Sie einander gar nicht mehr brauchen. Aus freiem Entschluss gehen Sie eine Beziehung ein und erschaffen Schönheit. Und was Sie beide erschaffen werden, ist ein Traum des Himmels.

Sie haben bereits Angst und Selbstablehnung gemeistert, jetzt kehren Sie zur Selbstliebe zurück. Sie können so stark und mächtig sein, dass Sie mit Ihrer Selbstliebe Ihren persönlichen Traum von Angst in Liebe, von Leid in Glück verwandeln können. Dann werden Sie, genau wie die Sonne, unaufhörlich Licht ausstrahlen und Liebe schenken, ohne irgendwelche Bedingungen zu stellen. Wenn Sie bedingungslos lieben, richten Sie, der Mensch, und Sie, der Gott, sich auf den Geist des Lebens aus, der durch Sie strömt. Ihr Leben wird zum Ausdruck der Schönheit des Geistes. Das Leben ist nichts als ein Traum, und wenn Sie Ihr Leben mit Liebe erschaffen, wird Ihr Traum ein Meisterwerk der Kunst.

Gebete

BITTE NEHMEN SIE SICH EINEN AUGENBLICK ZEIT, um die Augen zu schließen, Ihr Herz zu öffnen und all die Liebe zu spüren, die aus Ihrem Herzen strömt.

Ich bitte sie, sich gemeinsam mit mir in ein besonderes Gebet zu vertiefen, um in Zwiesprache mit unserem Schöpfer zu treten.

Fokussieren Sie Ihre Aufmerksamkeit auf Ihre Lungen, so als ob nur sie existierten. Spüren Sie die Freude, wenn Ihre Lungen sich ausdehen, um das größte Bedürfnis des menschlichen Körpers zu erfüllen: zu atmen.

Nehmen Sie einen tiefen Atemzug und fühlen Sie

die Luft, wie Sie Ihre Lungen füllt. Fühlen Sie die Liebe, aus der die Luft gemacht ist. Achten Sie auf die Verbindung zwischen der Luft und den Lungen, eine Verbindung der Liebe. Dehnen Sie Ihre Lungen mit Luft aus, bis Ihr Körper das Bedürfnis hat, diese Luft auszustoßen. Dann atmen Sie ein und empfinden erneut das Vergnügen dabei. Wann immer wir ein Bedürfnis des menschlichen Körpers erfüllen, bereitet uns das Vergnügen. Zu atmen bereitet uns Vergnügen. Einfach nur zu atmen reicht aus, um glücklich zu sein, um das Leben zu genießen. Spüren Sie die Freude darüber, lebendig zu sein, die Wonne des Gefühls der Liebe …

Gebet für Bewusstsein

Heute, Schöpfer des Universums, bitten wir Dich, dass Du unsere Herzen und unsere Augen öffnest, auf dass wir Deine ganze Schöpfung genießen und in ewiger Liebe mit Dir leben können. Hilf uns, Dich in allem zu sehen, was wir mit unseren Augen wahrnehmen, mit unseren Ohren, mit unserem Herzen, mit all unseren Sinnen. Lass uns die Welt mit den Augen der Liebe wahrnehmen, auf dass wir Dich finden können, wo immer wir sind, und Dich in allem sehen können, was Du erschaffst. Lass uns Dich in jeder Zelle unseres Körpers sehen, in jeder Emotion unserer Seele, in jedem Traum, in jeder Blume, in jedem Menschen, der uns begegnet. Du kannst Dich nicht vor uns verstecken, da Du überall bist und wir eins mit Dir sind. Lass uns dieser Wahrheit bewusst sein.

Lass uns unserer Macht bewusst sein, einen Traum des Himmels erschaffen zu können, in dem alles möglich ist. Hilf uns, dass wir unsere Vorstellungskraft benutzen, um den Traum unseres Lebens zu lenken, den Zauber unserer Schöpfung, auf dass wir ohne Angst leben können, ohne Zorn, ohne Eifersucht, ohne Neid. Gib uns ein Licht, dem wir folgen können, und mach den heutigen Tag zu dem Tag, an dem unsere Suche nach Liebe und Glück endlich vorbei ist. Lass heute etwas Außergewöhnliches geschehen, das unser Leben für immer verändern wird. Lass alles, was wir tun und sagen, einen Ausdruck der Schönheit in unserem Herzen sein, immer auf Liebe basierend.

Hilf uns, so zu sein, wie Du bist; zu lieben, wie Du liebst; zu teilen, wie Du teilst; ein Meisterwerk der Schönheit und Liebe zu erschaffen, genauso wie alle Deine Schöpfungen Meisterwerke der Schönheit und Liebe sind. Hilf uns, dass wir von heute an allmählich die Kraft unserer Liebe vermehren, auf dass wir ein Meisterwerk der Kunst erschaffen können – unser eigenes Leben. Heute, Schöpfer, geben wir Dir all unsere Dankbarkeit und Liebe, weil Du uns das Leben gegeben hast. Amen.

Gebet für Selbstliebe

Heute, Schöpfer des Universums, bitten wir Dich, uns zu helfen, dass wir uns selbst so akzeptieren, wie wir sind, ohne uns zu verurteilen. Hilf uns, dass wir unseren Geist so akzeptieren, wie er ist, mit all unseren Emotionen, unseren Hoffnungen und Träumen, unserer Persönlichkeit, unserer einmaligen Art des Seins. Hilf uns, unseren Körper rückhaltlos zu akzeptieren, wie er ist, mit all seiner Schönheit und Perfektion. Lass die Liebe, die wir für uns selbst haben, so stark sein, dass wir uns nie mehr selbst ablehnen oder unser Glück, unsere Freiheit und unsere Liebe sabotieren.

Von jetzt an lass jede Aktion, jede Reaktion, jeden Gedanken, jede Emotion auf Liebe gründen. Hilf uns, o Schöpfer, unsere Selbstliebe zu verstärken, bis sich unser ganzer Lebenstraum von Angst und Drama in einen Traum von Liebe und Freude verwandelt hat. Lass die Macht unserer Selbstliebe stark genug sein, all die Lügen zu durchbrechen, die zu glauben wir programmiert wurden – all die Lügen, die uns sagen, dass wir nicht gut genug sind oder nicht stark genug oder nicht intelligent genug, dass wir es nie schaffen werden. Lass die Macht unserer Selbstliebe so stark sein, dass wir unser Leben nicht länger nach den Meinungen anderer Menschen richten müssen. Hilf uns, dass wir uns selbst rückhaltlos vertrauen, die richtigen Entscheidungen zu treffen. Mit unserer Selbstliebe haben wir keine Angst mehr davor, die Verantwortung für unser Leben auf uns zu nehmen oder uns den Problemen zu stellen, die sich ergeben, und sie zu lösen. Was immer wir erreichen wollen, hilf uns, dass wir es mit der Kraft unserer Selbstliebe schaffen.

Beginnend mit dem heutigen Tag hilf uns, dass wir uns selbst so sehr lieben, dass wir nie Umstände schaffen werden, die schlecht für uns sind. Wir können unser Leben leben, indem wir wir selbst sind und nicht vorgeben, jemand anders zu sein, nur um von anderen Menschen akzeptiert zu werden. Wir haben nicht mehr länger das Bedürfnis, von anderen Menschen akzeptiert zu werden oder von ihnen zu hören, wie gut wir sind, da wir selbst wissen, was wir sind. Mit der Macht unserer Selbstliebe lass uns jedes Mal, wenn wir in den Spiegel schauen, Freude über das empfinden, was wir sehen. Lass ein glückliches Lächeln auf unserem Gesicht sein, das unsere innere und äußere Schönheit vermehrt. Hilf uns, so große Selbstliebe zu empfinden, dass wir stets unsere eigene Gegenwart genießen.

Mach, dass wir uns lieben, ohne uns zu verurteilen, denn wenn wir urteilen, beladen wir uns mit Vorwürfen und Schuld. Dann empfinden wir das Bedürfnis nach Bestrafung und verlieren die Perspektive Deiner Liebe. Stärke unseren Willen, uns selbst in diesem Augenblick zu vergeben. Reinige unseren Geist von dem emotionalen Gift und den Selbstverurteilungen, auf dass wir in völligem Frieden und allumfassender Liebe leben können.

Lass unsere Selbstliebe die Kraft sein, die den Traum unseres Lebens verändert. Mit dieser neuen Kraft in unseren Herzen, der Kraft der Selbstliebe, lass uns jede unserer Beziehungen transformieren, angefangen mit der Beziehung, die wir zu uns selbst haben. Hilf uns, frei zu sein von jeglichen Konflikten mit anderen. Lass uns glücklich sein, unsere Zeit mit unseren Liebsten zu verbringen und ihnen für jede Ungerechtigkeit zu vergeben, die wir in unserem Geist empfinden. Hilf uns, uns selbst so sehr zu lieben, dass wir jedem vergeben, der uns jemals Schmerzen zugefügt hat.

Gib uns den Mut, unsere Familie und Freunde bedingungslos zu lieben und unsere Beziehungen auf die positivste und liebevollste Weise zu verändern. Hilf uns, neue Kanäle der Kommunikation in unseren Beziehungen zu erschaffen, auf dass es keinen Krieg um die Macht und weder Gewinner noch Verlierer gibt. Lass uns gemeinsam als ein Team für Liebe, Freude, Harmonie arbeiten.

Lass die Beziehungen zu unserer Familie und unseren Freunden auf Respekt und Freude beruhen, auf dass wir nicht länger das Bedürfnis verspüren, ihnen zu sagen, wie sie denken oder sein sollen. Lass unsere Liebesbeziehungen die wunderbarsten aller Beziehungen sein. Lass uns jedes Mal, wenn wir uns unserem Partner hingeben, von Freude erfüllt sein. Hilf uns, andere so zu akzeptieren, wie sie sind, ohne sie zu verurteilen, denn wenn wir sie ablehnen, lehnen wir uns selbst ab. Und wenn wir uns selbst ablehnen, lehnen wir Dich ab.

Der heutige Tag stellt einen neuen Anfang dar. Hilf uns, unser Leben heute mit der Macht der Selbstliebe neu zu beginnen. Hilf uns, unser Leben zu genießen, unsere Beziehungen zu genießen, das Leben zu entdecken, Risiken einzugehen, lebendig zu sein und nicht länger Angst vor der Liebe zu haben. Hilf uns, dass wir unsere Herzen der Liebe öffnen, die unser Geburtsrecht ist. Hilf uns, zu Meistern der Dankbarkeit, Großzügigkeit und Liebe zu werden, auf dass wir uns in alle Ewigkeit an Deiner herrlichen Schöpfung erfreuen können. Amen.

Dank

ICH MÖCHTE JANET MILLS MEINE DANKBARKEIT AUS-
SPRECHEN, die – wie eine Mutter ihrem eigenen Kind
– diesem Buch mit ihrer Liebe und Hingabe Gestalt
gegeben hat.

Ich möchte auch jenen Personen danken, die ihre
Zeit und Liebe zur Verfügung gestellt und uns bei der
Verwirklichung dieses Buches geholfen haben.

Schließlich möchte ich unserem Schöpfer für die
Inspiration und Schönheit Dank aussprechen, die
diesem Buch zum Leben verholfen haben.

Über den Autor

DON MIGUEL RUIZ IST EIN MEISTER der toltekischen Mysterienschulen. Er gibt seine einzigartige Mischung von Wissen und Weisheit in Seminaren, Vorträgen und geführten Reisen nach Teotihuacan, Mexiko, weiter. In dieser alten Stadt der Pyramiden, von den Tolteken als der Ort bezeichnet, an dem »der Mensch zu Gott wird«, folgt Don Miguel dem Prozess, den die alten Seher entwickelten, um Suchende durch die aufsteigenden Stufen ihres Bewusstseins zu führen.

Für weitere Informationen wenden Sie sich bitte an folgende Adresse:

SIXTH SUN
Journeys of the Spirit
P. O. Box 1846
Carlsbad, CA 92018-1846

Besuchen Sie unsere website:
http://www.miguelruiz.com